从华盛顿，布鲁塞尔，伯尔尼到北京——竞争法规范和功能比较

Washington, Brüssel, Bern, Beijing: zur unterschiedlichen Bedeutung des Wettbewerbs und seiner rechtlichen Regelung in den USA, der EU, der Schweiz und in China by ANDREAS KELLERHALS

本书由安德烈亚斯·凯勒哈斯教授，独家授权中国政法大学出版社在中国大陆地区出版发行。

版权登记号：图字：01－2013－5924 号

W>B>B>B

从华盛顿,布鲁塞尔,伯尔尼到北京

——竞争法规范和功能比较

[瑞士]安德烈亚斯·凯勒哈斯　著

杨华隆　伍　欣　译

中国政法大学出版社

2013·北京

图书在版编目（CIP）数据

从华盛顿，布鲁塞尔，伯尔尼到北京：竞争法规范和功能比较 /(瑞士)凯勒哈斯著；杨华隆，伍欣译.--北京：中国政法大学出版社，2013.9

ISBN 978-7-5620-5008-7

Ⅰ.①从… Ⅱ.①凯… ②杨… ③伍… Ⅲ.①反不正当竞争法－对比研究－世界 Ⅳ.①D912.290.4

中国版本图书馆CIP数据核字(2013)第215613号

书　　名	从华盛顿，布鲁塞尔，伯尔尼到北京：竞争法规范和功能比较	
	CONG HUASHENGDUN BULUSAIER BOERNI DAO BEIJING: JINGZHENGFA GUIFAN HE GONGNENG BIJIAO	
出版发行	中国政法大学出版社(北京市海淀区西土城路25号)	
	北京 100088 信箱 8034 分箱　　邮政编码 100088	
	邮箱 zhengfadch@126.com	
	http://www.cuplpress.com（网络实名：中国政法大学出版社）	
	(010) 58908586(编辑室) 58908285(总编室) 58908334(邮购部)	
承　　印	固安华明印刷厂	
规　　格	880mm×1230mm　　32开本　　6.5印张　　150千字	
版　　本	2013年9月第1版　　2013年9月第1次印刷	
书　　号	ISBN 978-7-5620-5008-7/D·4968	
定　　价	22.00元	
声　　明	1. 版权所有，侵权必究。	
	2. 如有缺页、倒装问题，由印刷厂负责退换。	

中文版前言

随着资本扩张和科技进步，经济全球化发展趋势日益增强。世界经济全球化的一个显著特征是，市场经济体制因其带来的高效率而为世界各国普遍采纳。社会经济基础的发展变化必然引致法律制度的相应变化，因此，旨在保护竞争、为市场经济保驾护航的各国竞争法制也伴随着经济全球化的迅猛发展而日渐趋同。现代竞争法发源于美国，二战后引入欧洲，如今已有100多个国家和地区制定和实施了竞争法。其中，作为世界前三大经济体的美国、欧盟、中国已成为当今世界上最具影响力的竞争法体系。竞争法规制的对象主要包括：限制竞争协议、企业集中和滥用市场支配地位三类，对这三类行为的规制合称为竞争法的三大支柱。这一"三支柱"原则已发展为一项被世界各国普遍实践的国际标准。然而，各国竞争法同样存在差异和不同，这主要呈现为各国经济模式、竞争法组织和执行的方式以及竞争法的经济协调功能的不同。

本书的目的在于，将这些差异与不同以介绍性的方式呈现给读者。本书对美国、欧盟、中国以及规模小但经济体系高度国际化的中立国瑞士的竞争法进行分析和比较。此外，本书还附具了书中涉及的重要法律法规，以便读者在阅读之际进行参考。

如果读者有任何想法或建议，欢迎给我写信，我的邮件地址是：andreas. kellerhals@ eiz. uzh. ch。

最后，作者感谢本书的两位年轻译者杨华隆、伍欣，他们在苏黎世大学交流学习期间共同完成了本书的翻译工作，感谢本书的编排人员和中国政法大学出版社，是你们的共同努力和用心工作，才让本书的中文译本得以顺利出版。

安德烈亚斯·凯勒哈斯
2013 年夏于瑞士苏黎世

目　录

导 论

2005 年是欧洲纪念第二次世界大战结束 60 周年的开始。与该事件紧密相连但却鲜为人知的是，2005 年同时也是欧洲纪念竞争法引入 60 周年的开始。战争一结束，美国人就开始在德国以及整个（西）欧洲实施经济复兴计划，由此把市场经济思想、竞争理念及其保护根植于我们这个大陆。美国人的"出口努力"——如我们现在所知——是异常成功的，也预示着市场经济协调机制开始君临天下。

市场经济的"成功秘诀"在于其所宣扬的个人自由、与之相连的灵活性以及由此带来的经济效率。个体，而非面目模糊的国家或集团，决定在什么时候如何生产什么。这些可能及机会并不是同等地得以利用，自由也就不可避免地产生了不平等，尽管如此，总体上，它——尤其在得到保障的法治框架下——带来了社会的繁荣。市场经济在全世界范围的高歌猛进似乎证明，自由民社会将是富足的社会，或更简单地说，自由创造繁荣〔1〕。

---

〔1〕 竞争之所以能带来成果，决定性因素在于由其所施加的、参与者所无法控制的价格、成本和赢利压力，而这也归于经济主体的逐利本性。竞争压力迫使经济主体的行为合乎经济最优化原则，实现生产要素成本最低化组合、开发新产品和采取营销新方法。经济自由度与特定经济体的实际发展存在明显的关联性，具体参考 James Gwartney 和 Robert Lawson 一年一度发布的"世界经济自由度"报告以及"经济自由度指数"（www. cato. org/pubs/efw/efw2005/efw2005title. pdf）。

市场经济协调机制有效运行的关键和前提均在于竞争[1]。同等产品的生产者或消费者，因其之间的竞争，不得已以更优惠的条件与市场的相对方进行商业交易[2]。竞争的压力逼迫参与者不得不竭尽所能以使自己比对方更好。由此不难解释，私营者总是试图通过约定或卡特尔来限制竞争，以缓解竞争带来的压力[3]。

此等境况伤害到了竞争产生的成果，广为认可的观点是，竞争的成果需得到保护。而唯一能有效组织此等保护的是国家。但国家往往并不满足于对竞争机制的保护。基于自由竞争的市场经济存在一个重大的风险，即任何一种社会价值，如果它不能存活于市场，就很可能被忽视，当其产生社会代价时，出于对社会分配不公的担忧，或其他生态或经济政策上的理由，国家就有可能修正性地对竞争进行干预。此时，国家的角色不单单局限于作为竞争的维护者，它还积极地干预竞争的运行，因此它还自认为是经济发展的舵手。因此从经济秩序的角度看，除了防止个人，我们还需防止国家对竞争机制的不当影响、限制甚至扭曲。

当前被公认的是，竞争作为一种机制，并不是"自我维持"的——至少，并不在一个社会契约的时间纬度里[4]——它还

---

　　[1] 竞争这一概念在经济学上被经常使用，但未经清晰定义。普遍认为，竞争是指相互影响的供方或需方（竞争者）通过承诺最优惠的商业条件为与第三人建立商业关系自主进行的追求行为（见 Borchard/《Fikenscher》，第15页）。

　　[2] ZÄch，《卡特尔法》，第5页。

　　[3] Walter Eucken，一个"弗莱堡学派"的倡导者，这样写道："供方和需方总是……只要有可能……避免竞争，取得或保持垄断地位……为什么13世纪城市里的三个面包坊应相互竞争？他们相互约定并建立垄断，还尝试阻止新的竞争者进入。不论是现在还是以后，都与过往相似"（Eucken，第31页）。

　　[4] 经济学家、法学家以及政治家的时间视野是不同的：经济学家须在时间推移中研究经济活动，也能够"计算"数十年后的情况，但法学家和政治家必须对社会的当前需求作出反应而不能够指示"长期性"的改观（见 ZÄch，《基本原理》，第387页；Amstutz，《经济法》，第18页）。

须满足一定的前提〔1〕。相应地，出现一种制度，该制度认可竞争经济，确保竞争及其功能既不受个人也不受国家的阻碍。竞争应受法律的即竞争法的总体保护而不是取决于个案式的政治考量〔2〕。相应地，竞争法在以市场为主导的经济系统中取得了核心的、系统维护的功能〔3〕。

问题是，竞争需要怎样的保护，用怎样的手段，以及应在多大程度上对经济的自由运行进行干预。每一社会，根据自身社会理念以及偏好，对此问题作了不同的回答。可以说，当今市场经济体系之间的区别很大部分上就体现于此。

下文的目的在于全景式地阐明竞争的作用以及竞争法在四个相当不同但密切相关的经济体中所担当的不同角色。与历史启迪以及本书的标题相适应，我们的旅程开始于美国，经过欧盟，在瑞士稍事歇息，然后到达实施竞争法的100个国家中最年轻和最引人注目的国家〔4〕——中国。最后，就不同竞争法的各自作用得出若干结论。

---

〔1〕 除了保障经济自由外，如自主经营权、合同自由、物权自由，社会结社自由，自发竞争功能的发挥还取决于它不受私人和国家措施的限制或阻止（见 ZÄch，《基本原理》，第275页）。

〔2〕 见 MÖschel，第29页。

〔3〕 在市场经济体制下，竞争还发挥其他功能，如收益的正常化、资源优化配置、调节和促进创新功能（见 Ruffner，第110页；《1994宣告》，第472页；ZÄch，《卡特尔法》，第10页）。

〔4〕 见 MÖschel，第29页。

美国竞争法

对竞争法的作用及其法律规制的讨论先从美国开始，理由有二：首先，美国在经济上的影响力以及在政治上的分量使得它的竞争法——在美国称之为"反托拉斯法"[1]——具有举足轻重的地位；其次，世界上第一部现代的竞争法诞生于美国，即1883年诞生在美国的阿拉巴马州[2]。从历史的角度看，美国的竞争法是其他国家法律规范的典范和参照系，可以说，竞争法在本源上是美国的一个发明[3]。

竞争在美国的地位

在一个新的无等级的社会，如18世纪末建立的合众国，竞争理念是与美国对平等与自由的典型诉求相适应的。这一诉求首先体现在1776年的美国《独立宣言》上。美国人的平等通常情况下

---

〔1〕 反托拉斯的称谓与当时的庞大"联合"相关。这出现在美国南北战争之后，当时有标准石油、菜籽油托拉斯、糖料托拉斯等等。"托拉斯这一工具本身存在的时间不长；1890年控股公司就成为更受欢迎的手段以实现同样目的。但'托拉斯'这一称谓消失得没那么快；它慢慢地用来指代一种旨在垄断某一产业的产业积聚行为"（Friedman，第464页）。

〔2〕 该法通过于1883年2月23日。

〔3〕 尽管1890年美国国会通过的《谢尔曼反托拉斯法》借鉴了盎格鲁一萨克逊（Anglo—Sawon）普通法的术语和传统。

指的是机会的平等而非结果上的平等〔1〕。从一开始，竞争和自由市场就是美国社会的重要因素：它们意味着经济机遇、权力限制，社会流动以及社会的兴盛〔2〕。经济上的相互较量以及作为成功者标志的财务上的富足构成了美国社会的基础。托克维尔在1835年就曾写道"对财富的爱是美国人做事的起点"〔3〕。

美国南北战争后，随着工业的飞速发展，经济力量迅速集中在少数人的手上。为了应对异常激烈的竞争，当时一些经济体相互联合、订立盟约、建立卡特尔和"托拉斯"，使得他们可以随心所欲地抬高价格〔4〕。这些企业和"托拉斯"拥有比美国联邦还高的预算，在经济和政治上拥有巨大的影响力，且不像在欧洲那样，有强大的政府、贵族、军队、国家教会、行业协会与之相抗衡。竞争，其作为社会的核心价值，迫使政治在19世纪末对此作出了回应。

人们面对"托拉斯"的无力感以及对个人自由作为宪法权力的宣扬，促使形成了美国反托拉斯运动。"托拉斯"广泛而过大的权力成了社会舆论的中心议题〔5〕，美国国会终于在1890

---

〔1〕 "自肇始，美国人就不主张一个财富均等或条件相同的社会，也不曾为此参与过。美国梦的一个方面是这样的一个信念或'价值'，即每一个体，因其积极性、活力以及天赋的不尽相同，理应收获不同的果实。不应保证结果的相同。大部分美国人不想要一个均等的社会，他们要的是起步条件的均同"（Pachter, http://usa. usembassy. de/etexts/soc/ijse1204d_ pachter. htm）。

〔2〕 "竞争就本质而言是美国的一个基本价值，也是我们经济成功的发动机"（Janet Reno, www. antitrustinstitute. org/recent/72. cfm）。

〔3〕 托克维尔，第35页。

〔4〕 寡头们取得了异常的财富，如洛克菲勒家族及其名下的美国标准石油公司，1910年其净资产大约为美国经济总价值的2.5%，换算成今天的数字大约为2500亿美元或至少为比尔盖茨财富的两倍（Schifferes，第1页）。

〔5〕 1890年美国参议员George（民主党，乔治亚州）说道："这些托拉斯和联合体是对人民的巨大邪恶……他们无理抬高生活必需品的价格，压低原材料、国家农产品的价格。他们凭自己的意志调控价格"（21 Cong. Rec. 1768 [1890]）。

年通过了联邦一级的第一部竞争法即《谢尔曼反托拉斯法案》。这部法案直至今天仍是美国竞争法立法的基础[1]。

随着美国反托拉斯法的通过，社会越来越深刻地意识到对私人经济权力进行民主控制的必要性。人们看到，不受制约的私人经济权力将损及宪法所保障的个人自由权利[2]，而这应通过竞争的相关立法来加以克服。作为与强大的私人经济权力斗争成果的美国反托拉斯正式确立了竞争立法的基础[3]。1972年美国联邦最高法院在 Topco 判例中把美国的反托拉斯法比作权力法案，称其"保护经济自由和自由企业制度就如同权力法案保护个人基本自由一样那么重要"[4]。反托拉斯法在经济政策上以"自由竞争"[5]为基础，在社会政策上以保护小企业主[6]、中产阶级[7]和消费者[8]为基础，而至于竞争本身的相应理论基础却缺少探究[9]。尽管随着时间的推移——尤

---

〔1〕 Murach - brand，第 14 页。

〔2〕 谢尔曼参议员阐述他的提案时如此说道："这个方案，是我想通过的，借助于众合国法院的帮助……，实现其单一目标，即让其应付那些有损公民工业自由的联合体……，从事合法职业的任何公民享有工作、劳动、生产的权利……这就是工业自由，是所有权利和恩典平等享有的基础……"（21 Cong. REC. 2457 [1890] 参议员谢尔曼声明 [民主党，俄亥俄州]）。

〔3〕 见 Lande，第 20 页。

〔4〕 United States v. Topco Assoc. , 405 U. S. 596 (1972)。

〔5〕 Peritz，第 15 页。

〔6〕 "国会也对给小型企业保留商业机会表示了担忧。能否参与竞争对于小企业主而言至关重要，因为他们往往容易遭受掠夺式行为的侵害……"（Lande，第 21 页）。

〔7〕 见 Blackford，第 3 页。

〔8〕 在谢尔曼的提案中，他清楚地要求禁止所有"易于增加消费者支出"的协议和行为。尽管这一表述并没有出现在国会通过的法案条文中，但肯定的是"国会感到整个过程中最终的受益人是消费者，享受产出增加、品质提升、价格逐步下降带来的好处"（Thorelli，第 34 页；Peritz，第 13 页；Lande，第 18 页；OECD，《背景报告》，第 38 页）。

〔9〕 见 Thorelli，第 226 页。

其在"哈佛学派"和"芝加哥学派"[1]争论的影响下——美国反托拉斯政策的目标得到了新的定义，也慢慢开始转向强调经济政策意义上的对竞争效率的保护[2]，但社会政策上的动机（通过制约权力保护自由[3]）仍构成典型的美国反托拉斯法的思维原点和归宿。尽管当今的文献——竞争法的目的仍缺乏法律上的精确定义[4]——但普遍论述了美国当代反托拉斯法的三个立法目标，即（1）阻止垄断的形成；（2）通过对限制竞争行为的禁止促进竞争；以及（3）保护小企业主和中产阶级[5]，但这些都没有改变美国人心中那根深蒂固的竞争观念[6]。

美国现行的竞争法

美国现行的反托拉斯法由制定法、判例和行政条例[7]构成。

---

〔1〕 见 Schmidt/Rittaler，第 1 页；Posner，第 925 页。

〔2〕 就这一新"思路"的意义见 Peritz，第 265 页。

〔3〕 "谢尔曼以及他的同盟们相信，大致的平等竞争不仅对经济或职业自由而且对自由社会的政治自由均具有重要意义"（Peritz，第 15 页）。

〔4〕 时至今日美国并没有哪一部法律全面适用地定义竞争法的目的。最被经常引用的表述不是来自国会而是来自美国联邦最高法院：在 1958 年，《谢尔曼法案》的目的被表述为"是全面的经济自由宪章，作为一项贸易原则，旨在使自由和无拘无束的竞争得以进行"，这一表述基于"最低的价格、最好的质量以及最伟大的物质进步"的假设，也假设它能"同时提供这么一个环境，在这环境下我们的民主政治和社会机制得以保持"（Northern Pacific Railway Co. V. United States, 356 US 1, 4 [1985]）。就美国反托拉斯法的意义和目的还可参考 Lande，第 14 页，Schmidt/Steffen，第 132 页。

〔5〕 见 Elsing/Van Alstine，第 305 页。

〔6〕 "在美国，反托拉斯法几乎就是一种宗教。它跟教义相近，表达人民的信仰，即尽自己之所能，得自由之竞争"（《美国/德国反卡特尔会议纪要》，1951 年 10 月 2 日，Hicog，反卡特尔部，Amdag/Gedag 会议）。

〔7〕 有趣的是，法院在一开始并不那么情愿对 1890 年引入的反托拉斯法全面地进行利用。法院审查的第一个反托拉斯案即威士忌和糖业托拉斯案并没有对该案所涉托拉斯作否定性评价。在西奥多·罗斯福执政期间，这一境况在得到改变。他在 1902 年指示联邦检察总长对北方证券公司日益猖獗的铁路托拉斯提起诉讼，在 1904 年

1890 年的《谢尔曼反托拉斯法案》[1]是现行反托拉斯法的法律基础。该法案被称作"自由宪章"或"自由企业大宪章"[2]。该法案条文抽象[3]，基本上任何契约、联合、共谋，只要具有限制竞争性质，都被 1890 年国会通过的版本[4]的第一章认为违法且应受制裁[5]。《谢尔曼法》本身没有规定任何的除外适用[6]，绝对禁止任何契约和行为，只要该契约或行为限制了竞争参与者的经济自由[7]。该法案也没有区分横向

（接上页）联邦最高院对此案以 4 比 5 的微弱多数对当前的托拉斯行为作出否定性评价（见 PERITZ，第 39 页）。

〔1〕 美国反托拉斯法的宪法基础是联邦宪法的"商业条款"。相应地，法案调整的是联邦州之间的以及与外国的贸易行为。

〔2〕 U. S. v. Topco (1972)。

〔3〕 "它斗争性并不强，它只是对劳苦大众'应对托拉斯做点什么'情绪的一种体现。"（见 Friedman，《History》，第 463 页；也可见 Peritz，第 9 页；Sullivan / Hovenkamp，第 6 页）。

〔4〕 谢尔曼在他的原始提案中如此表述："任何一种安排、合同、协议、托拉斯或者联合……出于限制全面自由竞争之意图，或可能有碍全面自由竞争之进行……或可能将成本转嫁给消费者……特此应被宣告为与公共政策不符、非法和无效（Peritz，第 13 页）。美国参议院司法委员会用普通法通常的表述"限制贸易的合同"和"垄断、或者试图垄断……贸易"取代了"全面自由竞争"和"成本转嫁给消费者"，这一改动基于这样的一个理念，即"竞争可能与合谋一样危险。私人协议可能减少'毁灭性竞争'的效应从而确保生产者得到一个'正当的价格'。"经如此改动后的提案在国会规定的期限内被采纳（见 Peritz，第 14 页）。

〔5〕 "限制贸易的合同"和"垄断、或者试图垄断……贸易"这些普通法中通常的表述，表明立法者试图将反托拉斯法置于普通法的历史传统中，如 1415 年法院就宣布特定"限制贸易的合同"本身违法（Dyer's Case, Y. B. 2 Hen., f. 5, pl, 26）。但《谢尔曼法》比普通法创设了更多的权限，新法"赋予联邦法院新的事项管辖。它将对贸易限制和垄断行为作为一种公罪。它的实施通过两个路径进行：行政的和私人的。在普通法体系中，无论英美，不合理的限制被认为是无效的因此是无法强制执行的。谢尔曼规定了包括罚金和徒刑在内的刑事制裁，且置于法院管辖范围之内"（Thorelli，第 35 页）。

〔6〕 联邦最高法院后来创设了"合理原则"。

〔7〕 "《谢尔曼法》第一章将"限制贸易的任何合同、联合……，或者合谋"宣

和纵向竞争限制，但在法院和竞争主管机关的实践中，这两类竞争限制还是被严格区分的[2]。

《谢尔曼法》的第 2 章进一步禁止垄断、垄断的企图以及结盟或合并以形成垄断。独占市场者滥用或试图滥用其独占地位，它就可能面对针对其的行动。因此《谢尔曼法》并不禁止垄断本身。与欧盟规制[3]不同的是，《谢尔曼法》并不禁止索取高价或减少自己产量等垄断者的行为。被禁止的是，通过"不合理的手段"把其他有效率的竞争参与者从竞争中排除出去，从而不公平地取得或维持其垄断地位[4]。

为弥补《谢尔曼法》随后出现的立法漏洞，此后通过了许多补充性法案，如 1914 年的《克莱顿法》[5]。该法案经

（接上页）布为非法，但后来，联邦最高法院认为《谢尔曼法》禁止的是不合理限制贸易的合同或者协议。至于什么是"不合理"则由法院认定"（www. ftc. gov/bc/compguide/antitrust. htm）。

〔2〕 因此横向的价格固定通常是本身被禁止的，而纵向的价格固定在一定时期就管制的不那么严格（见 Ehle，第 48 页）。

〔3〕 见《欧共体条约》第 82 条。

〔4〕 "谢尔曼规定企业"垄断或试图垄断"贸易或商业的行为为非法。如法律被解释的那样，企业具有垄断地位或试图拥有垄断地位并一定就是非法。非法的是，企业通过不合理的手段试图维持或取得垄断地位。对于法院，认定是否合理，其中一个关键因素是该行为在商业上的正当性"（www. ftc. gov/bc/compguide/antitrst. htm）。——当事人可以就垄断化指控举出反证（所谓的"抗辩出击"），证明它的市场垄断地位是因为先进的管理、更优的产品，天然的情况优势或其他类似的"天然"优势而非其他（United States V. Alcoa, 148 F. 2d 416 (2nd Cir. 1945)（Elsing/Van Alstine，第 312 页）。

〔5〕《克莱顿法》在它的前言中表明它的目的是补充《谢尔曼法》并对《谢尔曼法》中没有规定的某些限制竞争行为予以禁止，从而使某些垄断行为自始就受到限制。如果收购另一家资本公司的股份或资产导致竞争受到重大削弱或者可能导致垄断地位的形成，那么就受到《克莱顿法》第 7 条的禁止（见 Elsing/Van Alstlne，第 326 页；Schmidt/Steffen，第 132 页）。

过多次修改[1]，引入了预防性合并控制[2]以及私法诉权。同时引入的还有"初始原则"（incipiency doctrine），即如果一项行为被认为有相当的可能严重损害到竞争，就可适时进行干预。这项原则使得《克莱顿法》比《谢尔曼法》的第 2 章更加具有施行效力[3]。此后，《克莱顿法》经过多次修改和补充，如 1936 年为加强歧视禁止而通过的《鲁宾逊－帕特曼法》[4]以及 1950 年通过的统括所有合并种类、方式的《塞勒－凯弗维尔法》[5]。司法部也不时通过各种实用性的指南，方便对合并和收购的谋划提供指导[6]。

美国反托拉斯的第三支柱是 1914 年通过的《联邦贸易委员会法》。该法创设了第二个反托拉斯执法机构[7]，并引入一条

---

[1] 即 1936 年《鲁宾逊帕特曼法》，也包括 1976 年《Hart－Scott－Rodino 反托拉斯改进法》。下列四种限制性或垄断性行为为非法：（1）价格歧视（第 2 条）；（2）搭售行为（排他性交易和附有限制条件的合同，第 3 条）；（3）竞争者之间的合并（第 7 条）以及相互竞争企业管理层的人员联合（交叉董事，第 8 条）（15 U. S. C. § § 12－27）（www. nixonpeabody. com/publications_ detail3. asp? Type = P&PAID = 11&ID = 814）。

[2] 根据《Hart－Scott－Rodino 反托拉斯改进法》（15 U. S. C. 第 18a 条），自 1976 年，凡是价值超过某一特定标准的收购项目都应申报（见 15 U. S. C, 第 18a [a][3]）。

[3] 见 Schmidt/Steffen，第 132 页。

[4] 根据《鲁宾逊帕特曼法》，对购买者之间的价格歧视，如果产生重大的有损竞争的效果，则予以禁止。该禁止不仅针对卖方也针对明知是歧视性价格而接受的买方（见 Elsing/Van Alstine，第 325 页）。

[5] Celler－Kefauver Act, 15 U. S. C. § 18 (1950)。

[6] 此类指南在 1968 年首次公布，1982 年和 1984 年重要部分作重新表述，自 1992 年 4 月起，作全面修订（美国司法部和联邦贸易委员会 1992 年横向合并指南，4 Trade Reg. Rep. [CCH] 13, 104 [1992]）。该版本适用于横向合并，纵向合并由 1984 年指令调整（美国司法部，合并控制 [1984] 49 Trade. Reg. 2683 [1984. 06. 29]（见 Elsing/Van Alstine，第 328 页）。

[7] 至此，美国反托拉斯法执法权由两部门共享：司法部反托拉斯局和联邦

一般性条款，禁止"不正当手段竞争"和"不正当或欺骗行为或实践"以保护商业交易[1]。该法的立法目的此后被司法判例拓展到三个领域：（1）保护竞争的效率；（2）保护企业免受不正当竞争的危害；以及（3）保护消费者免受不正当竞争或误导性做法的危害[2]。在"初始原则"的框架内，那些虽不直接触及条款，但有悖反托拉斯法精神（反托拉斯法的一般吸收要件（Auffangtatbestand））或"公平标准"的行为均应受到规制[3]。这些规定比《谢尔曼法》、《克莱顿法》以及《鲁宾逊－帕特曼法》的规定走的更远，并被联邦最高法院解释为是对参与者和消费者免受任何形式的不正当竞争或误导性做法危害的全面保护[4]。尽管竞争主管机关在执行此条款方面极少作为，但该条款在私法诉权领域却担当着重要角色[5]。

除联邦一级，各州也通过了各自的竞争法规[6]。因联邦宪法和联邦法律是州一级法规的上位法，因此州一级法规在现实上并不具有多大意义[7]。

（接上页）贸易委员会，后者负责《联邦委员会法》第5章的执法，前者负责《谢尔曼法》第4章的执法。

〔1〕《联邦贸易委员会法》第5章将"不正当竞争"宣布为非法，但没有对"不正当"进行定义。联邦最高法院认为违反《谢尔曼法》的同样违反《联邦委员会法》第5章，但第5章覆盖了《谢尔曼法》调整范围以外的行为，执行第5章的工作由联邦贸易委员会负责"（www. ftc. gov/bc/compguide/antitrst. htm；Schmidt/Steffen，第134页）。

〔2〕见 Miller，第62页。

〔3〕Schmidt/Steffen，第133页。

〔4〕FTCA 15 U. S. C § § 41'51；FTC v. Motion Picture Advertising Service Co.，344 U. S. 392（1953）；Elsing/Van Alstine, p. 306.

〔5〕参考 OECD,《Background》，第13页。

〔6〕在1900年就有27个州（Friedman，第465页）。

〔7〕Elsing/Van Alstine，第308页。

美国竞争法的实施

美国反托拉斯法的实施参与者主要由联邦竞争主管机构、联邦法院和个体起诉人构成。

美国联邦一级的主管机构有作为政府部门的司法部反托拉斯局[1]和介于立法和行政而独立于政府的联邦贸易委员会[2]。设立单一竞争主管机构的建议早在 1914 年就被否决。两个主管机构，职责有很大不同，之间的冲突甚微[3]。针对反托拉斯法违法行为，两主管机构通常会先颁布停止令[4]。通过与主管部门达成和解协议而非通过更为正式的执法程序来解决相关事宜的情形并不少见[5]。

但美国竞争法的有效实施在很大程度上应归功于法院及其判例。尽管经法院审理的反托拉斯案件的实际数量相对较少，但法院经常性地审理案件还是对反托拉斯的发展施加了巨大的影响[6]。美国司法在反托拉斯法上所具有的重大地位除了与其在普通法体系中的传统地位有关外，还与法案如《谢尔曼法》的过于笼统有关[7]。这样法院就有很大的空间去解释法案。在国会授权下，法院基于通则式的《谢尔曼法》及其后继法案发

---

[1] 见 www. usdoj. gov/atr/.

[2] www. ftc. gov.

[3] 参考 OECD,《Background》，第 14 页。

[4] 联邦贸易委员会只有对自己通过的法律才有解释权（El*sing*/Van Alstine，第 341 页）。

[5] 这可使当事人企业避免有错承认，使得私人起诉人在法院主张损害赔偿更为容易。

[6] OECD,《Background》，第 14 页。

[7] "在这些法规上运用的立法技术给予主管部门在适用上、法院在解释上的巨大空间。

展出了判例法，从而形成了独特的"反托拉斯普通法"[1]。

美国竞争法不像欧洲的那样主要通过行政程序来实施[2]。在通常情况下，主管机构——尤其是司法部反托拉斯局——作为起诉人依照一般民事程序向法院提起民事诉讼，有时也适用存在诸多争议的陪审团制度。除了民事诉讼，美国的反托拉斯法也规定了可能产生巨大罚金[3]的刑事追究程序[4]。但在实践中，刑事诉讼只有在违法行为异常严重时才会被提起[5]。

自1914年《克莱顿法》颁布后，私人可以向法院起诉违反反托拉斯法的企业，主张损害赔偿[6]。立法者期望私人起诉人能发挥"民间司法部长"的作用[7]：过去数十年，私人提起的诉讼比主管机构提起的多达10至20倍，看来，立法者的期望并没有落空[8]。这里要特别提及两项典型的美国法律创制：一方面是三倍赔偿机制以及反托拉斯法程序中的诉讼、律师费用的补偿机制；另一方面是集体诉讼机制，即多个被损害人可基于法律上之相同理由以集体之名义提起诉讼。反托拉斯法私人诉权

---

[1] Elsing/Van Alstine，第306页。

[2] 违反《联邦委员会法》第5章或者《克莱顿法》第2、3、7或者第8章的，只有联邦委员会有权启动行政程序。在该程序中联邦委员会可自行作出决定。

[3] "对违法行为的制裁不同寻常地严厉"（OECD，《Background》，第7页）。

[4] 根据最新的2004年《反托拉斯刑事处罚加强法》的规定，将对公司的最高罚金提高到1亿美元，对个人的最高罚金提高到100万美元，对个人的最长监禁期限提高到10年。

[5] 参考 Sullivan/Hovenkamp，第76页；Whinston，第9页。

[6] 根据《克莱顿法》第4章的规定，私人在其财产权益因反托拉斯法违法行为而受到损害时，可经民事诉讼程序主张（三倍的）损害赔偿。但前提是，起诉人所受损失必须是违法行为直接导致的结果（可参考 Atlantic Richfield Co. v. USA Petroleum Co.，495 U. S. 328 [1990]）。

[7] 美国最高法院的司法实践促生了这一发展。

[8] 私人诉权具有重大的作用，是广为使用、"作用非凡"的谈判工具。例如，在2004年，联邦法院总共收到了800多个起诉，但其中大多数是通过和解了结的（OECD，《USA》，第7页，European Competition Law Annual 2001，S. Xxiii）。

的行使——尽管风险不一定不大[1]——至少在三个方面发挥了重要作用：（1）它确保任何一个因反托拉斯法违法行为而受到损害的私人有权请求损害赔偿；（2）高额罚金的威慑作用，使得反托拉斯法的条款更好地得到遵守；（3）它确保在竞争主管机关资源有限无法介入的情况下，法院可进行竞争法上之审查[2]。

此外，终身制的联邦法官也乐于利用宪法所赋予的强大权力去影响法律的适用。最引人注目的例子是 1911 年标准石油[3]和美国烟草[4]的合理原则司法判例。在《谢尔曼法》缺失相关条文的情况下，联邦最高法院判定，具有限制竞争效果的协议和协同行为并不总是，且原则上只有在缺少竞争法上之正当理由的情况下，才被认为违法。这一司法判例基于这样一个认识，即具有限制竞争效果的协议或协同行为并不总是或必然有害美国反托拉斯立法目的的实现，基于特殊理由它也可以是正当的[5]。

宽泛的《谢尔曼法》第 1 款的"目的性限缩"（teleologische Reduktion）被认为富有意义甚至被认为本应如此的同时，在其实际应用中它也被认为加大了认定某些做法合法性的难度，因为对市场限制和辩解目的的权衡不仅受经济观念的影响，权衡本身也使得整个程序变得更复杂、更难衡量。为应对这一危险，

---

[1] 这包括居高不下的诉讼风险，以及美国陪审员制度内在的不可揣度性。

[2] European Competition Law Annual 2001, Oxford 2003, 第 XXiii。

[3] John D. Rockefeller 控制的标准石油在 1911 年因联邦最高法院的一项具有突破性的决定而被强制拆分为 30 多个较小型的公司（The Standard Oil of New Jersey v. U. S., 221 U. S. 1 [1911]）。

[4] U. S v. American Tobacco Co., 221 U. S. 106 [1911]。

[5] Eising/Van Alstine，第 315 页："依合理原则，如果一项做法不仅在某种重大的程度上限制了竞争而且也无更为重要的正当商业理由，那它就是不合法的。满足这两项特征的做法对消费者可能造成损害——价格抬高、供应减少、质量降低，或创新严重受阻"（www. ftc. gov/bc/compguide/antitrust. htm）。

以及提高《谢尔曼法》第 1 款的实际可操作性，法院把一系列限制竞争的行为"因其对竞争的恶劣影响而又无法弥补"宣布为"本身"违法[1]。相应地，"当所涉行为据第一观感，总是或几乎总是易于造成对竞争的限制和产品供应的减少时"[2]，法院就可适应本身违法原则。因此，当一项行为，根据司法判例，被认定属于本身违法[3]类别，即可认为违反《谢尔曼法》第 1 款，不必再对市场行为和依合理原则进行全面审查。

美国竞争法理念的优越之处在于，美国反托拉斯法的实施不必顾及各类政治目的。通常情况下，美国反托拉斯法立法只顾及竞争效果，其他价值，如工业发展、就业以及应通过其他政治领域实现的目标和价值，不在考虑之列[4]。不必顾及竞争以外的公共利益的做法，因而与欧盟的法律规制形成鲜明对比[5]，这也就可以解释，美国为什么需要诸多的特别法来回应这些利益[6]。

文字上一成不变的反托拉斯法法律条文在美国经历了诸多摇摆和波折。宽泛的法律条文往往给予主管机构和法院很大的自由

---

〔1〕 Eising/Van Alstine，第 316 页。

〔2〕 Eising/Van Alstine，第 317 页，United States v. Brown University，5 F. 3d 658，670 f.（3rd Cir. 1993）.

〔3〕 在司法实践中下列行为被认为是本身违法：价格协议（横向和纵向）、竞业者限制产量协议、竞业者市场分割协议、联合抵制交易等（参考联邦法院判例 Northern Pacific Railway Co. v. U. S 1958 Trade Cases §68，961，S. 73，864）。

〔4〕 联邦法院在 National Society of Professional Engineers v. United States（435 US 679〔1978〕）案中认为"任何其他的公共利益，甚至是安全性问题，即便被认为其重要性有甚于本法所秉守的自由竞争之利益，均应显于立法而不是待由法院或执行机构予以阐发维护"。

〔5〕 在司法判决中除经济效率以外额外考虑欧共体其他利益因素（如就业、环境保护，促进国民健康等）的做法已成为欧盟法院关于《欧共体条约》第 81 条第 3 款的司法成例。

〔6〕 参考 OECD，《Background》，第 9 页。

裁量空间；经济政策基本氛围的变化也深深地影响着对存在争议的协议或行为的判断。特别是司法部反托拉斯局，因其国家检察性质的功能定位[1]，而受执政当局的直接影响。美国反托拉斯法在过去经历了自由主义时期也经历了严格执行时期[2]。其中典型的例子，是1981年罗纳德·里根执政时期开始并延续至今的反托拉斯法政策保守主义的转变。主张排除国家干预自由竞争的芝加哥学派主导了这一时期的反托拉斯法政策[3]，这导致了反托拉斯法实施的削弱，而更加侧重提高微观经济的效率[4]。对美国反托拉斯实践的批判[5]引发了改革的努力[6]，这些批判在其顶峰时甚至主张完全取消反托拉斯法[7]！尽管这些激进的主张并没有带来实质的后果，但自80年代至此，反托拉

---

[1] Schmidt/Steffen，第147页；Elsing/Van Alstine，第307页。

[2] 近年来各国对竞争的理解愈加深入，对竞争政策的实施愈加用巧；为评估市场运行的有效性以及市场参与者行为的正当性，竞争主管当局已经经常性地运用了各种经济工具和博弈理论（OECD，《USA》，第2页）。

[3] 参考Cranall，第419页，Schmidt/Steffen，第147页。

[4] "影响反托拉斯审查最重要的因素或许就是经济学分析的引入和应用"（Sullivan/Hovenkamp，第1页）。

[5] "这个国家反托拉斯法制结构中充斥着对经济的非理性认识和无知。它是对历史的重大误解，是幼稚的、不切实际的经济理论所衍生的恶果"（Greenspan）。

[6] 美国竞争法领域一个值得关注的发展是成立了一个"反托拉斯法现代化委员会"。它由参议院下属委员会的四位主席，两位多数派领袖，两位少数派领袖，以及众议院的两位发言人和两位少数派领袖共12位成员组成。这个委员会研究一系列广泛的反托拉斯问题，听取公众各方意见，分析现行反托拉斯法不足之处，有针对性地提出改进意见，最终在成立后的三年后向国会和各委员会主席呈递了报告（参考OECD，USA，第2页）。

[7] "初始的时候，我是自由竞争的虔诚信仰者，是反托拉斯法的热情拥护者。但随着观察，我慢慢地发现，反托拉斯法不但未能促进反而阻碍了竞争。像其它的政府行为一样，他反受规制对象的控制了。随着时间的推移，我慢慢地意识到，它是弊大于利，无比有害。可现在的情况是，我们还拥有它"（Friedman，《Business》）。

斯政策不再是美国各届政府的政治工作重心了〔1〕。

美国竞争法的特征

美国竞争法律制度的特征最后可以概括如下:

(1) 关注竞争在美国公共生活中所具有的社会意义。作为"美国梦"的重要因素,竞争对于美国公民而言意味着在参与经济竞争、实现财富梦想、提高自身社会地位方面的机会均等。只有参与经济竞争的大门总是敞开、机会总是存在,梦想才可能实现。

(2) 法院在美国反托拉斯法领域占据中心地位。与欧盟或瑞士主要通过行政手段的做法不同,美国反托拉斯法的实施主要是通过"对抗性"的民事诉讼程序。

(3) 与此相关的,美国反托拉斯法的实施的主要部分不是"行政主导的"而是由私人诉权推动的。美国的诉讼程序给诉讼人提供了特别的激励(三倍赔偿、集体诉讼和审前发现程序),私人起诉人起到了"民间司法部长"的作用。

(4) 起伏的反托拉斯法发展路程。盎格鲁美利坚的法律体系赋予法院很多参与创制的机会,反托拉斯法宽泛的条文也使得主管机构和法院有很大的自由裁量空间,而他们的创制以及裁量是随着经济政策基本氛围以及政治多数派的变化而有所偏向的。

(5) 基本上,美国的竞争法只考虑与竞争本身相关的因素,这一点与欧盟的竞争法制相比较尤其明显,它并不规定如《欧

---

〔1〕 自此,人、物投入减少,报告和数字库服务使用降低,合并控制审查放宽,法院更多地遵循"芝加哥学派"的理念(Schmidt/Steffen,第 152 页)。这一状况在乔治·布什时期才有所改观,其中比较引入瞩目的事件是针对微软的调查(www. vsdoj. gov/atr/cases/ms_ index. htm)。

共体条约》第 81 条第 3 款所规定那样的产业政策除外适用。然而，自美国联邦法院 1911 年引入合理原则以来，《谢尔曼法》全面禁止限制贸易的规定有了松动，再加上日后引入的竞争政策除外适用规定[1]，美国反托拉斯法的实施也有所侧重了[2]。

如文献所显示的那样，在政治谈论中，关于竞争法社会角色定位的主流认识交相替换，而这深深影响了美国反托拉斯法的发展：一方面寄希望于借助反托拉斯法阻止经济力量的过度集中并保护中小企业能机会均等地参与竞争，并愿意让消费者为此付出更高价格作为代价。另一方面是与此针锋相对的观点，认为反托拉斯法不必考虑社会主体的不均衡性（如中小企业相对于大型企业）而只需考察其是否有利于提高经济效率且最终是否能为消费者创造价值[3]。根据这一观念，反托拉斯法保护更多的是竞争而非竞争者。早年间，第一种观念为主流，但自里根时代以来，第二种观念在美国日常政治生活中明显处于显要地位了。

---

[1]　公共便利（交通、电力以及通讯），银行和保险不受或只是部分地受反托拉斯法规制。

[2]　比如加强对中小企业的保护（Posner，第 925 页）。

[3]　Bork，第 1 页。

欧洲共同体竞争法

20世纪初的时候，欧洲也开始寻求对竞争的保护，其政治上得以实施并起决定作用的是——如引言所述——美国人的影响。

共同体竞争法的引入

基于这么一个愿望，即为本国经济也为国际经济开启以竞争为导向的市场，美国人宣示的意愿是，利用二战后的机会，把欧洲带入自由竞争的市场经济体系。相应地，重建欧洲的经济体系之所以必要，不仅是因为二战后的欧洲几乎是一片废墟，也因为二战前和战中在这个旧大陆上的经济的高度卡特尔化[1]。经济卡特尔尤其在德国强大到以致让一些美国人认为，民族社会主义分子促进的——反过来也支持它们的——德国卡特尔是二战爆发的主要原因之一[2]。《波茨坦条约》的其中一个目标

---

〔1〕 在德国，纳粹党人上台后，强制推行战时武装和经济政策，对经济强制卡特尔化，最终导致整个国民经济完全置于国家的控制和监督下（参考 Reuter，第48页）。

〔2〕 "德国卡特尔是希特勒专权的幕后推手，是他们的资金和影响力将纳粹推向了前台，他们寄望通过希特勒的军事扩张，系统地大发战争财"（McConkey, S. VII; Wells，第138页）。

就是在二战后尽快地分散德国的经济[1]。

从一开始，德国和欧洲的卡特尔政策就有重要的关联。两者都基于共同的设想且在很大程度上由相同的决策者缔造[2]，其中美国人明显地担当了决定性的角色。这透露出，美国人在德国的卡特尔立法上的努力是其在欧洲竞争规制谈判中所设的特洛伊木马[3]。相应地，欧洲卡特尔管制的谈判进程是与德国卡特尔立法进程直接关联的[4]。

1950年《舒曼计划》提议建立西欧煤钢共同市场，寄希望于借此能保障和平，更重要的是，促进欧洲的经济繁荣。明显地，所有的参与者认为——只有通过与美国模式相近的、鼓励竞争的经济秩序才能成就一切[5]。尽管，在欧洲煤钢共同体建立的谈判中，美国从没有作为正式的谈判伙伴，但其对设立欧洲主管机关管制西欧煤钢生产主张的支持是欧洲煤钢共同体得以建立的决定性因素[6]。众所周知的是，德国占领区政权中的美国工作人员在一系列谈判中起领导地位，是《舒曼计划

---

[1] 参考《波茨坦条约》第3章第12条；1947年盟军军方政府发布一系列去卡特尔化规范、指令，其意图一方面是消解德国的经济力量和武装整合能力，另一方面是确立在德国应赋予实施的自由竞争原则。

[2] Murach – Brand，第2页。

[3] 在美国人的构想中，德国的经济复兴应直接和欧共体概念联系在一起。美国军方政府1949年7月17日下达的"第1779号JCS指令"中指出："美国在德国代政府的经济目标是：鼓励德国人民建立一个自足的、致力于和平的、融入欧洲经济的国家。"在1949年12月8日下达的所谓"第3号指令"中进一步指出："从政治的角度看来，安全的最好保障是形成一个彼此紧密相连的、包括德国之内的西欧共同体……"（参考wells，第201页）。

[4] Murach – Brand，第165页。

[5] 参考Stotz，第91页。

[6] 美国政府也利用一切机会、各种权力，加快推进一个统一的煤钢共同市场的建设。比如，煤钢共同体为工业现代化改造向美国融资1亿美元时，美国人就明确要求贷款资金的使用必须"有利于统一的共同市场的形成，使其不受国家壁垒和私人阻碍，从而使竞争得以进行"（Wells，第202页）。

条约》最后谈判的幕后推手[1]。美国人对《欧洲煤钢共同体条约》成稿的影响之大[2]，以致后来参与谈判的美国专家说，《欧洲煤钢共同体条约》尤其是竞争规则部分"在华盛顿写就，也如所写就的那样被采纳了"[3]。

可以这么说，基于当时欧洲的主导经济思想，如果没有美国人的大力支持——共同体开明的缔造之父，尤其是罗伯特·舒曼以及路德维希·艾哈德，是很难实现他们的宏愿的[4]。

竞争在共同体的地位

1951 年缔结的《欧洲煤钢共同体条约》就已包含了共同体层面的首要竞争规则[5]。1958 年欧洲经济共同体的建立则大大拓展了竞争规则的适用[6]。自此，竞争就成了拟创建的以开放市场为标志的欧洲共同市场即内部市场[7]的关键因素。共同体的最主要任务[8]就是建立《欧共体条约》第 3 条第 3 款

---

[1] 考虑到美国人的斡旋、介入不应过多地出现在公众面前，美国人所起草的规范就由法国人 Maurice Lagrange 吸收到所谓的"欧洲版本"中去了（参考 Ball，第 88 页；Diebold，第 72 页）。

[2] "可以确定的是，华盛顿政府，在 McCloy 和来自哈佛的卡特尔专家 Robert Bowie 的代表下，不止一次地就具体条款中的某项措词争论或坚持过"（Berghahn，第 246 页）。

[3] Edwards，第 173 页。

[4] 法、德在 1951 年春天所举行的谈判（英国也部分地参与其中）完全是在美国人 McCloy 的主导下进行的。在谈判期间，美国明确地告知德国的谈判代表，为使谈判取得成功，应放弃任何旨在进一步分解钢铁行业的计划（参考 Diebold，第 74 页）。

[5] 《欧洲煤钢共同体条约》第 60 条规定歧视禁止；第 65 条包含卡特尔禁止；第 66 条确定对合并进行控制。

[6] 在 1957 年，考虑到当时的主流认识是，卡特尔禁止以及合并控制应由各成员国以及它的相关执行当局付诸实施和监管，因此，在总体方面，各项规则并不缺灵活性。在当时，德国就已经拥有一个较为全面的国家竞争政策了。

[7] 参考《欧共体条约》第 2、3 和 14 条。

[8] 欧洲法院明确指出，竞争机制的有效运行是实现《欧共体条约》所规定

促进的、且通过共同体竞争规则（《欧共体条约》第 81 条）得以具化的"不被扭曲的竞争[1]"系统。为了使这些规则在通常情况下得到遵守，《共同体条约》明确规定，随着国家贸易限制的消除以及由此带来的经济行为自主的扩大，经济行为的协调，原则上必须服从于竞争[2]。因此，竞争就成了条约规定的必备融合工具，借助于它而创建全共同体范围的市场。

尽管自"马斯特里赫特"以来，《欧共体条约》才明确，欧共体融合进程以"自由竞争的、开放的市场经济原则"[3]为其基本导向[4]；也才强调，欧共体竞争法所具有的特殊意义以及宪法般的法律地位[5]，然而——如下文所述——欧共同体融合自始就是以市场经济为导向的。

尽管当时欧洲经济共同体的六个发起国，部分因各自经济政策传统和理念的不同，在 1958 年并没有确定某一特定经济体系[6]，但没有争议的是，各发起国的国民经济在根本上——尽管各有特色——无一不建立在市场经济即以私法为基础的经济体系之上。论据之一就是，加入欧洲经济共同体后，在经济

（接上页）任务的关键因素，这些任务包括生产要素的自由流通、确保经济优势、公平正义和欧洲融合。

〔1〕 欧洲法院多次通过判例指出，《欧共体条约》第 2 条所规定任务的实现必须——通过各成员国经济政策的有序协同——以共同体统一市场的建立为基础。

〔2〕 欧洲内部市场不应受国家和个人的任意干预或操纵，而应由竞争机制自动协调（Emmerich，《卡特尔法》，第 371 页）。

〔3〕 《欧共体条约》第 4、98 和 105 条。

〔4〕 这一争论分为两派，一派主张经济政策的中立性（参考 Themaat，第 427 页），另一派则主张明确实行市场经济体制（参考 Mueller - Armack，第 74 页；Boeckenfoerde，第 72 页；Kuesters，第 364 页）。

〔5〕 《欧共体条约》第 4 条。

〔6〕 欧共体的核心理念之一是，通过《欧共体条约》第 81 条和第 4 条第 1 款的组合实施，建立市场经济为原则的内部市场。

秩序上需重新塑造其国家经济体系的成员国的一个都没有〔1〕。
从共同体的目标、机构、任务以及权限设置不难得出融合进程
中市场经济理念明显占据中心地位这一结论。共同市场的建立
被视为共同体一切发展的基点，自由的跨境经济行为是否得以进
行自始也就构成了共同体融合理念的基础；共同市场的建立为所
有其他——也包括干预主义的——共同体活动创设了基础〔2〕。
一方面，基本自由（Grundfreiheiten）对于共同体范围的市场的
建立具有举足轻重的作用，另一方面，竞争规则作为共同体融
合的工具，维持着统一市场的有效运转。因此，内部市场的竞争
并不是以本身为目的的，它是实现《欧共体条约》第 2 条所规
定的一般条约目的的工具〔3〕。

　　经济融合的最重要的部分需通过共同市场来实现，这表明，
价格机制作为经济政策原则自始就处于为推动共同体融合所作
努力的中心。共同市场内在的市场机制的基础是经济自律性以
及对市场经济系统的基本认同〔4〕。这一结果是与经济和竞争
自由作为根本的法律基本原则在共同体经济宪法中所具有的地位
相匹配的。《欧共体条约》自始就立足于私人的经济主观能动性
和私人自治的跨境发挥和运转（自下而上的融合），以实现经济
的每一进步，这也显示了全部融合努力的决定性基础。《欧共体条

---

　　〔1〕 如果各成员国的经济政策因欧共体的建立而改弦更张的话，则更认为其
原有的市场经济体制已发生动摇。

　　〔2〕 "之所以欧共体统一市场对欧洲的融合作用如此重要，在于：若没有共同
市场的存在，则经济和货币联盟、《欧共体条约》第 3 条和第 4 条确定的共同政策和
措施等的建立和有效实施均无所根据、无从谈起"（Mueller－Graff，第 52 页；Ker-
ber，第 290 页）。

　　〔3〕 保护竞争免受扭曲和限制其意义不仅在于资源的有效利用，也在于保护
企业的经营自由权（参考 Everling，第 24 页）。

　　〔4〕 Behrens，第 79 页。

约》给欧共体的融合构建了自由的、市场经济的经济模式〔1〕。

因竞争在共同体中的中心地位而呈现的没有争议的结果之一就是，成员国被要求消除任何限制基本自由或跨境贸易流动的干预措施，因此，市场的国家干预就大大地减少了。经济和货币联盟框架下的相关规定也加强了对成员国的共同体法律约束〔2〕。《共同体条约》赋予共同体机构权限时所参考的标准在很大程度上也是与市场相关的，它顾及成员国在构建以促进国家市场合并、保障经济自由为内容的自由化方案时的主要关切〔3〕。通过共同体范围的经济空间的建立，一国的经济自由也就赢得了可观的空间了，这正如私人自治和合同自由的发挥半径随着这一发展得到实质拓展一样〔4〕。

尽管共同体以市场经济为导向的经济基本理念借着诸多的妥协方能实现，但不能因此得出《欧洲经济共同体条约》在经济政策上为中性这一结论〔5〕。条约的基础性融合理念在很大程度上是以经济上的个体能动性和私人自治的有效保障为前提的〔6〕。近年来欧洲法院所认可的、成员国和共同体机构均须遵守的"与经济相关的共同体基本权利"说〔7〕也证明了前面

---

〔1〕《共同体条约》第2条确立的经济体制就是所谓的"经济魔形四方"模式：价格水平稳定、高就业率、对外经济的平衡以及经济的持续稳定增长（参考 Borchardt，第241页；Schubert，第400页；Gasse，第138页）。

〔2〕《参考欧共体条约》第98条，尤其是其关于国家预算原则的规定。

〔3〕自由化主要是在通讯、电台、铁道和能源领域进行。总体而言，自由化是《共同体条约》竞争政策设定的主要目标之一。

〔4〕Immenga，第225页。

〔5〕Scherer，第204页；Drexl，第758页。

〔6〕"共同体的成长有赖于个体间经济决策的跨境连接，而这应通过对主体性权利的保障和提高法律的可执行性来予以实现"（Mueller – Graff，第54页）。

〔7〕主要是经济和经营自由（EuGH，*Slg.* 1970，Rs. 11/70，1970.12.17，第1135页）、竞争自由（EuGH，*Slg.* 1985，Rs.240/83，1985.02.07，第531页）。主体性权利的范围还有待进一步阐明。

一点。基于融合方针上的决定，即各经济体在共同体法上的协调在根本上借助于内部市场和市场的自我调控，共同体具体政策之间的额外协调行为就不得在法律空白领域里自我权量，而应受市场法上之根本方针的约束〔1〕。因此，与市场不相符的协调措施必须满足那些共同体法上可被论证的且可从市场经济基本方针推导出来的特定标准〔2〕。内部市场以及共同体法上保护竞争免受扭曲之系统是共同体经济宪法的基本原则；对其的限制，应具有上位法上之正当理由〔3〕。

最新的条约修改并没有从根本上偏离融合进程的市场经济基本导向〔4〕。《共同体条约》目前所存在的系统漏洞以及近年来共同体干预权限的扩大〔5〕并没有伤及现行有效的《共同体条约》所确立的、偏好于市场经济和竞争秩序的根本方针〔6〕。为顾及成员国的国情，共同体的经济宪法尽管没有致力于纯粹市场经济的体系化建设，但无论是从与经济相关的目标任务的设置，抑或是职能安排，尤其是为实现任务所采取的手段来看，都可以得出一个清晰的出发点，即融合进程以系统化的市场经济为导向。基于经济上个体能动性和私人自治的中心地位，共同体的经济宪法带着浓厚的自由因素：即跨境的市场开放，印证了自由政策原则得到实施和遵守（尤其是基本自由），且应该 ——如《共同体条约》清楚所规定的那样——在竞争性的市场流程中进行。

---

〔1〕 Mueller – Graff，第53页。

〔2〕 如利益正当性原则、必要和适当性原则、救济或比例原则、临时限制原则等（参考 Mueller – Graff，第53页）。

〔3〕 Mueller – Graff，第286页。

〔4〕 修改的着眼点在于提高价格的透明度，以更好地保护消费者权益（Miert，第1页）。

〔5〕 如《欧共体条约》第157条（产业政策）。

〔6〕 Drexl，第759页；Basedow，第32页。

尽管对经济运行的干预也是共同体经济宪法的一个组成部分[1]，但那只是市场经济/竞争原则的例外。体系选择中所论证的原则——/例外－关系（Regel－/Ausnahme－Verhältnis）在根本上使得对经济经营自由的任何干预都必须经过经济政策上的论证和辩解，准则就是经济法上的比例原则[2]。在共同体经济宪法的框架内，对市场的干预就需要清晰的，以基本经济政策为出发点所设立的法律基础。因此，经济和竞争自由在根本上应作广义理解，从而突出自由和干预的原则——/例外特征，并确立限制自由行为的正当性论证义务。

共同体现行的竞争法

借着卡特尔一般禁止（《欧洲煤钢共同体条约》第 65 条）、滥用市场支配地位控制，以及欧洲首次对合并的控制（《欧洲煤钢共同体条约》第 66 条），1952 年生效的《欧洲煤钢共同体条约》不仅创立了欧洲超国家共同体，同时也创立了全面的欧洲竞争制度。欧洲竞争思想及其实施的决定性因素却在于 1957 年欧洲经济共同体的成立[3]。至此，共同体的竞争规则才在实际上拓展到全部成员国经济体。《欧洲煤钢共同体条约》的相关条款并不是简单地被照搬过来，而是做了些轻微的调整，使之与法国和德国当时的观念相接近[4]。尤其是对法国所建议的实施细则的

---

〔1〕 以市场经济为导向的欧共体经济，宪法并没有绝对禁止那些与市场不符的干预（Haede，第 4 页）。

〔2〕 参考 Kellerhals，第 131 页；Hatje，第 728 页；Haede，第 4 页；Roth，第 73 页。

〔3〕 1993 年欧盟成立后，欧洲经济共同体更名为"欧洲共同体"。

〔4〕 关于生效实施的竞争规范的基本内容，可参考以 Hans von der Groeben 为牵头人的专家组于 1956 年 11 月 8 日所提交的意见稿（见 Schulze/Hoeren. 64 号文）。

保留[1]，使得独立的欧洲竞争政策直至 1962 年在通过《欧洲经济共同体条约》第 85 条和第 86 条实施条例时方告确立[2]。

在总体上包罗了所有经济领域的欧洲经济共同体融合理念主要是——除了共同政策和措施以外[3]——以共同市场的建立为基础的，即把此前的单个国家经济空间融合成一个共同体范围的大经济空间[4]。《欧洲经济共同体条约》第 3 条自始就把不被扭曲的竞争作为首要手段以期实现上述目标[5]。与美国所采用的针对私人限制竞争的规定不同的是，共同体的竞争规则主要不是以社会和效率为导向的[6]，而是以不被扭曲的竞争秩序的建立以及以维护主要是服务于共同体市场而构建的。因此共同体竞争法的保护对象不仅仅是竞争本身，它还是促进共同体大经济空间建立的手段[7]。

作为共同体范围经济空间的重要因素，共同体条约的竞争法条款的实施是共同体最主要的任务之一[8]。竞争以及竞争法在实现共同体所有条约目标中所担当的中心角色总是在欧洲法院的判例中一次又一次地被强调[9]。与竞争法的巨大作用

---

〔1〕 见《欧共体条约》第 83 条。

〔2〕 Mestmaecker/Schweitzer，第 51 页。

〔3〕 自 1992 年《马斯特里赫特条约》以来，又筹建了经济和货币联盟（可比照《欧共体条约》第 2 条）。

〔4〕 见《欧共体条约》第 2 条；欧洲法院判例 EuGH，Slg. 1991，Rs. C -339/89，1991. 06. 18，S. I -107，123，Tz. 8.

〔5〕 1980 年，欧盟委员会关于竞争政策提交的第 9 次报告中，阐述了竞争政策的三大基本目标：(1) 维护共同体市场的统一；(2) 确保竞争的有效性以使其导向功能有效发挥；(3) 促进经济公布，即机会平等（《第 9 次报告》，第 9 页）。

〔6〕 参考上述报告第 5 页。

〔7〕 参考 ZÄCH，卡特尔法，第 91 页。

〔8〕 Schroeter，第 20 页。

〔9〕 参考欧洲法院判例 EuGH，Rs. 32/65，Slg. 1966，457，483；EuGH Rs. 26/76，Slg. 1977，1875，1905；EuGH 6 和 7/73，Slg. 1974，223，252.

相适应地，《共同体条约》自始就把最重要的竞争实质条款规定在条约中。现行的共同体的竞争法即立足于"三支柱原则"（Dreisäulenprin zip）[1]。

第 81 条包含阻止限制竞争协议或卡特尔的条款。这些条款针对的是市场参与者之间达成的、旨在限制竞争或造成限制竞争效果的同谋行为。与《谢尔曼法》第 1 章相似的是，《欧共体条约》第 81 条第 1 款禁止所有可能妨碍成员国间贸易[2]的企业间的（横向和纵向）协议、行业协会决议以及其他协同行为。违反该禁止的协议是无效的（第 2 款）；美国并没有该相应条款[3]。与美国规定不同的是，第 3 款列举了 4 个前提，在这些前提下，违反第 1 款禁止的协议是被特别允许的[4]，因此在竞争法的叙述里、且在一定范围内，竞争以外的政策关切是被考虑进来的[5]。

第 82 条包含阻止市场支配地位企业滥用行为的条款。与美国《谢尔曼法》第 2 章相似，共同体法允许占市场支配地位的企业的形成和存在："《谢尔曼法》第 2 章并不禁止垄断权力的独占，也不禁止基于上乘的产品、灵活的经营头脑或历史偶然

---

〔1〕 即限制竞争的合谋（或称卡特尔）、滥用市场支配地位的行为以及合并控制三个方面（参考 ZÄCH，《基本原理》，第 277 页）。

〔2〕 参考欧盟委员会就"有碍成员国国际间贸易"所发布的指南（ABL. 2004 C 101/81）。

〔3〕 Jones，第 101 页。

〔4〕 根据《欧共体条约》第 81 条第 3 款的规定，一项协议、决议或协同行为必须同时满足如下四个条件：（1）为改进产品制造和销售，或为改进技术、增进效率；（2）消费者能够适当分享所产生的利益；（3）为实现上述目标，不得已而为之；（4）不会在重大程度上阻却所涉产品的竞争。

〔5〕 在如何适用《欧共体条约》第 81 条第 3 款的问题上，主管当局和法院拥有较大的裁量空间。为此，欧盟委员会在总结欧洲法院的判例的基础上发布了相关指令。

而形成的垄断"[1]，"规模本身并不违法"[2]。与美国相似，一家企业是否列入第2章（垄断企图）禁止行列，除了市场力量，它还得"从事反竞争行为，有明确的意图去垄断，以及该企业垄断某一相关市场存在危险的可能"[3]，共同体禁止的是市场支配地位的滥用。占市场支配地位的企业重大地且不合理地限制竞争从而影响国与国之间的经济往来，该行为就被认为是滥用而应被禁止[4]。"滥用"的概念具有客观性，因此不必追究企业利用其市场支配地位或相关力量在主观上是否故意；只要占市场支配地位的企业的行为危害了竞争，就已足证[5]。《欧共体条约》第82条给占市场支配地位的企业因其力量附加了特殊的责任。为细化《欧共体条约》第82条第1款的一般性滥用禁止规定，第2款a至d包含了一个不完全的列举；满足了此四项中的任何一项事实构成（Tatbestände）的行为在通常情况下就被径直地认为是《欧共体条约》第81条第1款所禁止的滥用行为[6]。

与《欧洲煤钢共同体条约》不同的是，无论是《欧洲经济共同体条约》还是当前有效的《欧洲共同体条约》都没有明确规定合并控制[7]。与欧洲法院判例相一致，早在1958年共同

---

[1] Lemley/Leslie，第37页。

[2] Homburger，第72页。

[3] Lemley/Leslie，第37页——垄断地位的取得，如果是因为自身成长，或者是其服务更好、产品更优而带来的结果，那么它则是合法的。

[4] 关于"滥用"的定义，参考欧洲法院司法判例 EuGH, Slg. 1979, Rs. 85/76, S. 491, Rz. 91.

[5] 参考欧洲法院司法判例 EuGH, Slg. 1973, Rs. 6/72, S. 215, Rz. 27.

[6] ZÄCH,《基本原理》，第360页。

[7] 成员国在欧洲经济共同体条约的谈判中有意识地放弃了合并控制：一方面担心合并控制会限制欧洲的企业进行有效整合而导致无法与美国大型集团抗衡，另一方面担心合并控制会阻碍企业无法在规模上适应市场的不断扩大（Mestmaecker/Schweitzer，第53页）。

体就被允许，基于《欧洲经济共同体条约》第 86 条可在例外情况下对合并进行审查控制，但那只能在事后而无法在事前进行[1]。在 1989 年《合并控制条例》通过后，预防性控制才有了法律基础[2]。从而共同体可对满足一定触槛标准（Aufgreifkriterien）（《合并控制条例》第 1 条）和介制标准（Eingreifkriterien）（《合并控制条例》第 2 条）的经营者集中进行预防性控制了[3]。

这些年以来，理事会和委员会一直致力于对共同体竞争法的次位法进行根本的现代化改造[4]。该"现代化规划"的许多成果在得到了广泛转化实施的同时[5]，它更加以现代化的经济分析知识为导向，放弃当前过分注重法学辨析的做法，免去欧共体第 81 条第 3 款规定的委员会专有豁免授予权，坚决对所谓的"硬核"卡特尔、滥用市场支配地位行为采取行动，把竞争政策的重心转移到最终消费者保护上来[6]。委员会借鉴了美国长时期以来在竞争政策以及卡特尔法学实践上的发展成果[7]。在这方面最重要的共同体次位法立法是新的《No. 1/2003 实施条例》，新的《合并控制条例》以及种类豁免的诸多条例。

共同体竞争法的特征

与美国反托拉斯法相比，共同体竞争法的特征主要体现在

---

[1] 参考欧洲法院司法判例 EuGH, Rs. 6/72, *Slg.* 1973, 215, Rz. 26.

[2] 《欧洲经济共同体》第 4064/89 号条例，在 2004 年 5 月 1 日被废除，由《欧共体第 139/2004 号条例》所取代。

[3] 根据合并控制条例，欧盟委员会是合并控制的唯一执行机构（一站式原则）。

[4] 参考 Schroeter, 第 1 页；Schaub/Dohms, 第 1 页。

[5] 主要体现在欧盟理事会于 2002 年 12 月 16 日通过的《欧共体第 1/2003 号条例》中。

[6] Schroeter, 第 81 页。

[7] 参考《欧盟竞争法损害赔偿诉讼绿皮书》，KOM [2005] 672 endg.

下列三个方面：（1）功能；（2）权能的集中；（3）倚重行政实施。

（1）不同的功能。与美国反托拉斯法相比，共同体竞争法被赋予了更多的功能。其中首先是融合功能。共同体竞争法最重要的任务是保障作为欧洲共同体最终融合最主要工具的共同市场的统一性。共同体最优先的追求的是通过市场机制〔1〕把成员国的市场融合成一个单一的共同市场——从而推动融合进程走向"欧洲人民的更紧密的联盟"〔2〕。因此，共同体竞争的保护并不简单地仅是以自我为目的的，它还保护"自下而上的融合"〔3〕进程。私人企业由此可以在全欧洲进行经营活动，与之配套的是一个经济经营自由不受限制、企业自主决定市场行为的市场。

共同体竞争法除了具有融合功能以外，还有经济政策功能，确保融合进程以市场经济为导向。这被认为是必要的，因此，共同体在《欧共体条约》中清楚地规定了"自由竞争的开放市场经济原则"〔4〕以及一个以个体自由和竞争作为基础的经济体系。因此，共同体竞争规则的任务也是保障一个统一的共同市场使得自由〔5〕、公平〔6〕不被扭曲〔7〕以及有效的竞争〔8〕得以进行〔9〕。对市场机制的干预，只要该干预妨害了成员国之间的贸易或者与共同体的利益相违背，就应遵守禁止原则。

---

〔1〕 参考 Schroeter,《前言》，第18页。
〔2〕 参考《欧盟条约前言》。
〔3〕 《Mussler》，第119页。
〔4〕 见《欧共体条约》第4条第2款。
〔5〕 见《欧共体条约》第4条第1和第2款。
〔6〕 见《欧共体条约前言》部分第4段。
〔7〕 见《欧共体条约》第3条第3款。
〔8〕 EuGH, Slg. 1973, Rs. 6/72, 1973.02.21, 第244页。
〔9〕 参考 Schroeter,《前言》，第14页。

因此在共同体内，竞争不仅仅是建立共同市场的必要手段，同时也是增进企业和经济满足社会私人和集体需求以及提升人民生活水平的必要手段[1]。

（2）权能的集中：共同体竞争法的第二个特征是权能的集中。它的融合功能使得竞争法的权能一开始就集中在一个主管机构即欧洲委员会身上。在普遍的不顾及权力制衡的情况下，共同体竞争法无论是立法、实施还是执行，其主要的功能都由欧洲委员会来行使。正因为竞争法权能高度集中在一个机构身上，委员会在实施条例 Nr. 17/1962 下不仅有权进行极广的调查、追诉、决定以及制裁，并且独自享有根据《欧共体条约》第 81 条第 3 款对《欧共体条约》第 81 条第 1 款下的卡特尔除外适用的权力。

权能的集中，从在共同体范围内统一适用《共同体条约》的角度看，是可以理解的，但从效率以及法治观念来看，则不是没有问题的。内部市场融合进程的推进，企业跨境活动的增多，考虑到委员会的工作负荷，以及就总体分散化以及共同体辅助性（Subsidiarität）地位经讨论后，新近修改的《实施条例》使得委员会权能的集中度大大减低，它把决定权从这一共同体机构分散至国家主管机构和法院而由他们共同行使。在分散适用欧洲竞争规则的背景下，2004 年 5 月 1 日开始生效的、与贯彻执行欧洲竞争法相关的《欧共体第 1/2003 号程序条例》切实地促使了整个系统的转变。

（3）倚重行政实施：第三个特征是共同体对行政程序的倚重。直至今日，共同体竞争法的执行和具化大部分是在委员会行政程序的框架内进行的，而不是——如在美国一样——在法

---

〔1〕 Schroeter，《前言》；Mestmaecker，《竞争法》，第 14 页。

院民事诉讼的框架内进行。尽管欧洲法院在上诉和事前裁定程序的框架内已为竞争法的发展设定了许多决定性的路标，但与此同时，私人和企业通过在国家法院提起诉讼从而推动竞争法实施的第二条道路却鲜有实质发展。

这一结果不应归因于条约本身，而应究于《No. 19/1962 条例》的通过，正是它规定了竞争法的适用和执行——本身是与普遍做法有出入的——集中在委员会而不是在国家法院手上。委员会在实施竞争法中所享有的中心地位集中体现在其独自所享有的根据《欧共体条约》第 81 条第 3 款除外许可的授予权。委员会的此项专有适用权不包括《欧共体条约》第 81 条第 1 款和第 82 条，此时不同国家主管机关具有竞争性的管辖权；也不包括《欧共体条约》第 81 条第 2 款，此时国家法院可独立行使裁判权。但借助于"临时效力原则"（doctrine of provisional validity），委员会还是从他们手中取走了一个重要的工具。但多年来，委员会通过了《种类豁免条例》，公布了各类指南，借助于这些，实质上是为特别类型的协议亮了绿灯，此外，在其实践中，它还通过出具"定心函"的方式使其在共同体竞争法的实际实施中取得举足轻重的地位，可以说，国家法院的作用因此而被不断地削弱了。

在这样的背景下，国家法院和国家竞争主管机关在共同体竞争法适用的框架下无从发挥作用也就不足为奇了[1]。在《实施细则 No. 1/2003》下，委员会对《欧共体条约》第 81 条第 3 款的专用适用权被取消，国家法院的管辖权也得到了扩大，

---

[1] 参考 Gerven，第 66 页——自《第 16/62 号条例》施行后，成员国初审法院根据《欧共体条约》第 234 条规定的事先决定程序（Vorabentscheidungsverfahren）适用欧共体竞争法的案例已有不少（Jacob，第 43 页）。

这应预示着一个新的趋势[1]。或许，加强私法执行系统建设，对欧洲共同体而言，不仅是可敞欢相迎的，同时也应是值得期待的，如此，私人享有了赔偿请求权[2]，且有利于追查那些国家和共同体竞争主管因资源有限而无法分身的案件[3]。但与美国的相比，共同体法目前缺少三个激励："三倍赔偿"、"集体诉讼"以及"审前发现程序"[4]，因此判断民事诉讼案件实际数量有多大增长，为时尚早。

评述

如果我们真正睁开双眼，可以发现，在上个世纪之端，竞争的星星是多么微弱地照在欧洲的上空，而现在竞争思想却又多么中心地居于整个联盟上空，因此，在建立内部市场或者说"无国界市场"[5]的框架内，我们可以说，竞争在欧洲是一部成功的历史。

这一发展史也说明，美国的反托拉斯法的基本模式已成为共同体竞争法的重要组成部分。这意义非凡的吸收过程不仅体现在欧洲煤钢共同体的创立阶段，也体现在共同体竞争法随后

---

〔1〕 根据新的《实施条例 No. 1/2003》第 6 条，成员国拥有了对《欧共体条约》第 81 条和 82 条的适用权。"临时效力原则"不再适用。国家法院有权管辖所有涉及《欧共体条约》第 81 条、包括其第 3 款的案件。在认定协议无效方面，国家法院和欧盟委员会各自决定相互冲突的情形将不再发生。

〔2〕 在鼓励成员国公民直接依欧共体法律提起损害赔偿之诉方面，欧盟法院的最新判例似乎已指示了一个正确的方向（见 EuGH Slg. I – 6297, Rs. C – 453/99, 2001.09.20）。

〔3〕 加强私法实施欧共体竞争法是欧共体法制现代化计划的目标之一（见 Monti，第 3 页；McDavid），还可参考《欧盟竞争法损害赔偿诉讼绿皮书》，KOM〔2005〕672 endg. 。

〔4〕 欧盟委员会有意改变目前在这一方面的不足，具体可参考《欧盟竞争法损害赔偿诉讼绿皮书》，KOM〔2005〕672 endg.

〔5〕 Joerges，第 225 页。

的发展历程上。可以说，美国的反托拉斯，因其丰富的实践理念和案例，而成为了我们的标榜〔1〕。

在竞争哲学上，欧盟发展出了一套"方法"，且多作经济、政治或普遍性的考量〔2〕——因而也不时招致了来自美国的批评〔3〕——但基于其对竞争思想的"允诺"，美国人今日对欧盟应刮目相看了〔4〕，且自长期以来，欧盟也是越发与美国反托拉斯法看齐了。

---

〔1〕 如"垂危公司抗辩（failing firm defense）概念。该概念形成于美国法院判例，归入于主管当局横向合并指南，但为欧盟委员会所借鉴：它明确，在依据《合并控制条例审》查相关案件时，此项抗辩可予以考虑（Fleischer/Koerber，第 6 页；Klawiter，第 7 页；Fleischer，第 7 页）。

〔2〕 Fleischer/Koerber，第 8 页。

〔3〕 在通用电气并购霍尼韦尔被欧盟委员会否决后，美国司法部反托拉斯局的助理局长 William J. Kolasky 批评欧盟委员会：（1）置经济事实于不顾；（2）耽于行政程序的运用；（3）倾向干预主义，相对美国，显然缺乏对市场自我调控能力的信心（www.usdoj.gov/atr/public/speeches/9536.htm）。

〔4〕 美国司法部反托拉斯局的助理局长 R. Hewitt Pate 在一次公开演讲中指出：美国应该意识到，在若干方面，欧盟是有值得借鉴之处的，"比如，欧盟在处理'联邦'执行机构和成员国执行机构关系方面，已开始了许多有益的尝试"（www.usdoj.gov/atr/public/speeches/200736.htm）。

瑞士竞争法

竞争在瑞士的地位

与欧洲总体相似，在上世纪初期，竞争在瑞士同样不那么受欢迎。在这方面，尽管很多事情随着时间的流逝发生了很多改变，但还是可以如此断言：在瑞士境内，竞争理念并不是在所有行业都令人感到亲切[1]。

如果稍微夸张一点，还可以如此断言，竞争理念归根结底是"非瑞士"的[2]。这样的断言可以从瑞士厌恶竞争的、传统的合作社式理念（Genossenschaftliches Gedanken）找到根据[3]（这一点还可从联邦的正式名称中得到体现[4]）；另一事实根据是，在我们这个小家园里，人与人之间关系紧密，因此通常把竞争看作是不友好的，认为它是"肮脏的对抗"[5]。

长期以来，在瑞士存在着积极看待以卡特尔和同谋为其形

---

[1] "瑞士的弱处在于竞争的不足，尤其是在国内市场方面"（瑞士联邦委员会委员 Joseph Deiss）。"瑞士需要更多的竞争，我们必须把自己置于竞争之下。如果我们不这样做，后果就是增长的放缓和福祉的降低"（Hildebrand，第6页）。

[2] 参考 Hauser，第26页。

[3] Schroeter，第1页；Schluep，第72页。

[4] Preisbildungsbericht，第111页。

[5] ZÄCH，《卡特尔法》，第64页。

式的私人竞争限制的传统——尽管就联邦宪法的卡特尔条款出现越来越多的有利竞争的解释——且这种传统已渗入了我们的日常生活。

瑞士人对竞争的靠近始于上世纪 20 年代中期，当时一战结束，物价一直居高不下，重塑价格的努力也宣告失败[1]。这时就出现了对卡特尔控制价格的普遍忧虑[2]。20 世纪初期的瑞士明显未能意识到在经济中已存在相当数量的卡特尔和同谋了[3]，而此时，纷纷出现了一些表示忧虑的激烈言辞[4]。相应地，议会就卡特尔立法首次提出了议案[5]。

为推动与竞争的关系，联邦国民经济部门于 1926 年设立了一个专门负责调研瑞士价格情况的委员会（价格形成委员会）。价格形成委员会并没有制裁权，它的工作依赖于被调研者的自愿合作，但它的存在本身就已发挥了不小的作用。

二战结束后，美国经济的优越性使得欧洲各种形式的经济合作受到了冲击。作为卡特尔化最严重国家之一的瑞士在去卡特尔化浪潮中却始终步履迟缓[6]。但联邦还是在 1947 年——未雨绸缪地——通过了《联邦宪法》第 31 条第 3 款，从而为卡

---

〔1〕 第一次针对卡特尔的法律行动是在 1864 年，此次行动瓦解了苏黎世州的火柴卡特尔（Schrocter，第 1 页）。

〔2〕 尤其是在牛奶业（参考 Schroeter，第 2 页）。

〔3〕 "自 1880 年存在卡特尔的就有建筑材料、纺织、钟表以及啤酒等行业。同时，瑞士的企业也参与了国际性的卡特尔同盟，并在其中扮演了主导地位（Seidenbank, Aluminium）"（Schroeter，第 1 页）。

〔4〕 "价格的形成从市场转移到了卡特尔、雇主协会和行业协会的会议室里，在议会的回廊里，甚至在政府的前厅和后院里"（《关于价格形成的报告》，第 27 页）。

〔5〕 1924 年瑞士国民院议员 Grimm 提出一个动议，邀请联邦委员会对当前的价格法规实施效果进行调查，以评估目前的法规与宪法所保护的贸易和商事自由是否有相冲突的地方（《有关价格形成的报告》，第 39 页）。

〔6〕 Schroeter，第 2 页。

特尔的立法创设了宪法基础[1]。从而，联邦第一次获得明确的权限，可对私人限制竞争行为采取行动。但它未能如保障经营自由一样保障竞争自由，从而错失了确定宪法以市场经济为导向的机会[2]。此外，宪法还规定，联邦行使上述权限需有基于整体利益的合理理由，即只有限制竞争行为产生"有损国民经济和社会的效果"时，联邦才能行使上述权限[3]。从议会的相应咨议中，其意图显然是要限制联邦权限，使其不得滥用权力；在本身上，它并不打算阻止卡特尔或与其做实质斗争[4]。

1936年联邦国民经济部门正式委托价格形成委员会彻底调查瑞士的卡特尔情况[5]。20年后即1956年，价格形成委员会被要求在现有工作的基础上就瑞士的卡特尔问题提交一个总结报告。该报告应给主管立法机关提供一个分析基础，使其能够对是否有必要通过专门的卡特尔法律——如有必要——以及该法律应如何行之有效地构建等问题作出说明[6]。相应地，法院在它的判例中，卡特尔成员或整个经济部门的卡特尔利益可信且合理时，卡特尔才会受到保护[7]。

1955年提交的"反对滥用经济力量"的国民提案，借助于该提案，瑞士本可引入——类似于《欧洲煤煤钢共同体条约》的规定——禁止规制，但还是被明确否决了，这一点印证了瑞

---

[1] 全民表决结果，53%赞成，47%反对（www.admin.ch/ch/d/pore/va/19470706/det143.html）。

[2] 见Schluep，第68页。

[3] 根据《瑞士联邦宪法》第31条第3款D项，联邦政府有权"基于整体利益上之正当理由，在必要的情况下，可有异于对贸易和商事自由之保护，制定条例，规范那些对国民经济和社会利益产业损害效果的卡特尔或卡特尔性质的组织"。

[4] 参考Sten. Bull. NR 1938, S. 350ff; Sten. Bull. SR 1938, S. 535ff.

[5] Preisbildungsbericht，第12页以及42页。

[6] Preisbildungsbericht，第42页。

[7] 见Schluep，第71页。

士国民对卡特尔虽然批判但总体还是一如既往的积极肯定的态度[1]。联邦委员会在提交给联邦大会的报告中[2]，建议否决上述国民提案，且不附带任何对案，理由是，国民提案原则上禁止限制竞争行为的主张已大大脱离了其所追求的合理目标，提案的通过将可能给瑞士经济的发展带来严重的后果。联邦委员会还列举了众多的个案，以此证明，提案的构思不仅与现存的经济情况而且还与半个多世纪的法律实践相抵触[3]。

　　1957 年价格形成委员会就瑞士卡特尔境况提出的总结报告有趣地反映出瑞士民众对卡特尔的偏好并没有从根本上改观。在这个综合性的报告中，——值得注意地是，它是以卡特尔企业被询问时自愿提供的信息为根据的——得出了一个令人关切的结论，即，瑞士经济已被"充分组织化"，瑞士是全世界卡特尔化最严重的国家之一[4]。但价格形成委员会承认卡特尔有害的同时，也认为卡特尔在大多数情况下是应对经济困境和毁灭性竞争的自救手段，尤其对中小企业而言，发挥着有益的功能[5]。因此，它（只是）建议，引入"温和"的卡特尔法，只与那些限制竞争的恶性"毒瘤"作斗争[6]。

　　上述建议与《1874 年宪法》所保障的贸易和经营自由的含义具有关联。贸易和经营自由在本源上只是作为私人反对国家限制自由经济行为的基本权利，竞争自由并没有得到宪法的确认[7]。

---

〔1〕　该动议只获得 25.9% 参与投票人的支持，即遭到了 74.1% 的反对。

〔2〕　《Bericht 1957》，第 347 页。

〔3〕　联邦委员会在它的报告中给出的事实和论据甚是详实。

〔4〕　Preisbildungsbericht，第 62 页。

〔5〕　Preisbildungsbericht，第 111 页。

〔6〕　Preisbildungsbericht，第 150 页。

〔7〕　参考 Schluep/Wettbewerbsfreiheti，第 58 页，以及 Schluep/Entwicklungslinien，第 198 页。

因此，贸易和经营自由并不具有私人之间的第三人效力，依当时的观念，私人有权通过合同自主地限制其所享有的经济自由[1]。

正因为依当时观念，在 19 世纪，联邦在卡特尔规制方面反而比某些州表现得更加保守。在当时，一些州担心取消行会以后会出现与行会性质相似的组织，因此通过了禁止卡特尔、禁止联盟的强制措施[2]。这就要求，贸易和经营自由不单单是私人相对于国家所享有的自由，它还应以一种建制的形式在根本上保障一种体系的运行，在这种体系下，私人与私人的自由竞争得以保障。

1947 年的《联邦宪法》加入了卡特尔条款，这意味着联邦在根本上肯定了国家规制私人妨害竞争的做法与贸易和经营自由的相容性。这样剩下的问题就是，基于《1874 年宪法》第 31 条和《1999 年宪法》第 96 条第 1 款，国家可以对哪些私人妨害竞争行为进行规制以及在多大程度上进行规制[3]。

瑞士的卡特尔立法

依价格形成委员会的建议和联邦法院的私法判例，联邦于 1962 年通过了首部《瑞士卡特尔法》。这部温和的竞争法的目的只在于阻止那些影响特别恶劣的限制竞争行为（与"毒瘤"作斗争）[4]。在这部新法中——与美国的规范相对——竞争本身虽是重要但并不是唯一的考量因素。市场参与者的行为是否有问题不但考察其对竞争本身的影响，通常还会将其放在国家总

---

[1] 参考 Schluep/Eigenarten，第 67 页；ZÄCH/Kartellrecht，第 54 页。

[2] Preisbildungsbericht，第 110 页。

[3] ZÄCH/Kartellrecht，第 55 页。

[4] ZÄCH，Kartellrecht，第 58 页。

体利益的框架内以作判断。在著名的"余值法"的框架内〔1〕，如果重要的公共利益超过了卡特尔的消极作用，竞争主管机关或法院就会据此允许相关的合谋。因此，判断市场参与者的行为，不仅考察其对竞争的影响，通常还考察其对总体利益的影响。1962 年的《卡特尔法》并不把竞争看成是一个独立的有机体系，它所要保护的（仅仅）是经济个性，即个体的经济自由权利〔2〕，这一点可从瑞士独特的"可能竞争"概念中看出端倪，在这一概念中，竞争只应附加于那些实实在在愿意参与竞争的人的身上〔3〕。"通过传统私法实施竞争宪法的梦想破灭了"〔4〕。尽管如此，卡特尔化程度在当时还是减低了，其更多地应归功于经济的总体腾飞而不是一部严格的卡特尔法〔5〕。

近 20 年后，也即 1985 年，《卡特尔法》第一修正案通过。在这部修正案中，立法者在竞争重要性认识方面往前走了一步，尝试通过"可能竞争"（möglicher Wettbewerb）向"有效竞争"（Wirksamer Wettbewerb）系统转变，不仅保护个体，而且把竞争看成是一个独立的有机体系而加以保护〔6〕。新的《卡特尔法》第 29 条第 3 款规定排除有效竞争（总是）与总体利益相悖，若有效竞争被阻止，即可推定国民经济和社会受到了伤害，因此

---

〔1〕 ZÄCH/Kartellrecht，第 74 页；Borer/Kommentar，第 29 页；Schroeter/Kartelle，第 2 页。

〔2〕 Preisbildungsrecht，第 205 页；ZÄCH/Kartellrecht，第 70 页。

〔3〕 Preisbildungsrecht，第 161 页；Borer/Kommentar，第 27 页；ZÄCH/Kartellrecht，第 64 页；Marbach，第 133 页。

〔4〕 Schluep/Eigenarten，第 72 页。

〔5〕 卡特尔委员会从未将卡特尔起诉至法院，尽管它可以如此（Schluep/Kartelle，第 2 页）。

〔6〕 "有效竞争"的概念来自美国（"workable competition"）并受德国的影响（参考 Homburger/Kommentar，第 4 页）。

该规定几乎就是一个"本身"条款[1]。但当对竞争的阻止基于总体利益上的支配性理由而被认为不可避免时，则国民经济和社会受到伤害的法律"推定"就不成立了[2]。这些广泛的辩解可能以及笨拙的余值法在法律上的全面贯彻导致瑞士的竞争法无法得到实质的加强[3]。"厌恶竞争的传统"以及对"经济谋和、精诚合作"的普遍信仰——尽管在修正过程中一再表示要增加竞争的"分量"[4]——在很大程度上限制了"可能竞争"向"有效竞争"原则的转变[5]。

联邦委员会曾提议，趁《卡特尔法》修订之时，引入预防性合并控制，但联邦议会出于宪法上的理由否决了该提议，这再次彰显了瑞士卡特尔法一贯的相对弱势地位[6]。

放弃竞争自有代价。据经济合作和发展组织 1992 年的计算，卡特尔使得瑞士的消费品价格比周边欧洲共同体国家高出了 40%，投资品高出了 30%[7]。

瑞士在 1994 年全面修订了国内法律，在这一框架内，对卡特尔法进行了大幅度的第二次修改[8]。正是这次修改，才使得瑞士的竞争机制得以实质加强。根据经验，在现实经济生活

---

[1] ZÄCH/Kartellrecht，第 74 页。

[2] 1985 年卡特尔法第 7 条（参考 Homburger/Kommentar，第 4 页）。

[3] Schluep/Eigenarten，第 72 页。

[4] 参考 Homburger/Kommentar，第 10 页。

[5] "卡特尔法所确定的原则'可能竞争'投射在现实上则是'竞争限制可能'"（Schluep/Entwicklungslinien，第 800 页；同时参考 ZÄCH/Kartellrecht，第 70 页）。

[6] 见 Schürmann，第 639 页——自 1985 年后，更多的人认为合并的事先控制合乎宪法（ZÄCH/Kartellrecht，第 59 页；Buehlmann，第 195 页）。

[7] Schroeter/Kartelle，第 2 页；www. oecd. org。

[8] 此次的修改自 1996 年 7 月 1 日生效，瑞士竞争法规制由此被认为进入了新的阶段，启示了一个真正的新方向（Borer/Kommentar，第 21 页；ZÄCH/Kartellrecht，第 2 页）。

中，总有那么一部分限制竞争行为总是有损于国民经济和社会利益的。这一自 80 年代形成的认识，在经合组织[1]的影响下，且随着政治和经济的变迁[2]，得到了进一步的认可。因此，立法者借鉴欧洲共同体竞争法[3]，辅以推定成立之事实要件（Vermutungstatbeständen），第一次引入选择性禁止规范[4]。自此，在瑞士，某类卡特尔，如价格、数量和区域卡特尔[5]，原则上总是被禁止的[6]。

当时的人们相信，在既定的宪法框架下，竞争规制是能够如此往前走一步的[7]。然而，相对于美国和欧洲共同体的宪法，瑞士联邦的宪法[8]并不允许对卡特尔作全面的本身禁止[9]。为消除法律修改是否合宪的怀疑[10]，全民公决的通知引经据典以证实，宪法之与集团合谋之协调更爱与竞争之协调[11]。

---

〔1〕 ZÄCH/Kartellrecht，第 55 页。

〔2〕 参考 Meier – Schatz/überblick，第 12 页。

〔3〕 《Botschaft 94》，第 63 页；Borer/Schnittstellen，第 220 页。

〔4〕 见《卡特尔法》第 5 条第 3 款。

〔5〕 "下列协议将被推定为具有阻止有效竞争之效力：它缔结于具有竞争关系的经营者之间，（a）直接或间接地固定价格；（b）限制产量，采购或供应量；（c）按区域或客户分割市场"（《卡特尔法》第 5 条第 3 款）。

〔6〕 但在现行的法制下，任何形式的限制竞争行为，如占支配地位企业滥用市场地位以及企业合并等（《卡特尔法》第 11 条），只要能证明其有公共利益上的重大理由，原则上均可被豁免（Meier – Schatz/überblick，第 45 页）。

〔7〕 "在宪法允许的情况下，则可说新的瑞士卡特尔实体法与欧盟竞争法有巨大的相似性"（Borer/Schnittstellen，第 220 页；这方面的简短概要可参考 Baldi/Borer，第 343 页）

〔8〕 "联邦通过法例，以阻免卡特尔以及其他限制竞争行为对国民经济和社会利益产生损害"（《瑞士宪法》第 96 条第 1 款）。

〔9〕 全面性的禁止可能与瑞士宪法第 96 条第 1 款相抵触（ZÄCH/Kartellrecht，第 60 页）。

〔10〕 ZÄCH/Kartellrecht，第 59 页。

〔11〕 关于瑞士宪法所确定的经济体制，学者有不同的看法：一部分人认为其

由此，立法者认为卡特尔立法不应局限于当时赋予实践的"可能竞争"理念[1]，即宣告排除有效竞争的行为——保留总体利益上的适用除外——因其有损国民经济和社会而予以禁止并不与宪法相抵触[2]。这一观念——并很快地得到认同[3]——进一步认为，《卡特尔法》的宪法基础虽没有指出实施的手段，根据当今的主流学说，立法者是可以在《卡特尔法》第5条中规定选择性禁止的[4]。

由于这一发展，竞争立法的中心问题第一次在瑞士远离讨论的前方阵地。人民更多地关注于禁止与许可保留相结合还是禁止与适用除外相结合之间的立法技术区别。前者在2004年4月通过的共同体法律中得到体现，后者在现今的瑞士和美国竞争法中得到体现，自2004年5月1日以后，后者也在欧洲共同体法中得到了采纳。然后，在结果上，这两种立法形式已很难区分彼此了[5]。

自1995年瑞士卡特尔法修改以来，相似于共同体竞争法，三支柱理念（Dreisäulenansatz）作为系统设定基础得到了确认，因此（横向和纵向）限制竞争的合谋[6]、占市场支配地位的企

（接上页）所确定的经济体制是倾向于市场经济、自由竞争模式的（见 GyGi/Richli，第34页；Mueller/Grundrechte，第637页；Vallender/Grundzüge，第677页），持相反意见的则有 Rhinow/Wirtschafts – und Eigentumsverfassung，第565页；Vogel，第115页。

〔1〕 ZÄCH/Kartellrecht，第62页。

〔2〕 参考 Schluep/Wettbewerbsrecht，第1页。

〔3〕 《Botschaft 94》，第63页。

〔4〕 参考 Buehlmann，第195页；ZÄCH/Kartellrecht，第60页。

〔5〕 ZÄCH/Kartellrecht，第55页。

〔6〕 根据《卡特尔法》第5条第1款，如果某项协议，对某一市场的特定产品或服务之间的竞争有重大的损害且没有经济效率上之正当理由，或该协议，导致对有效竞争的完全阻却，原则上是非法的，除非其存在第2款所述之正当理由。

业〔1〕以及企业合并〔2〕在法律中作为对象得到了规制。意外地，当《1995 年修正案》引入事前合并控制时，并没有像 1985 年那样，对其合宪性进行细致的讨论〔3〕。

2004 年《卡特尔法》作了较小的最后一次的修改，规定了法律实施若干重要的先决条件〔4〕，其中就有对违法行为的直接制裁〔5〕。典型的是《卡特尔法》第 8 条和第 11 条，其规定，竞争委员会在其所能决定的范围内应且只应专注于保护竞争本身，对竞争合谋和占市场支配地位企业的行为基于重要的公共利益考量而有权给予豁免的是联邦委员会而不是竞争委员会〔6〕。联邦委员会对个案的判断所采用的就不是竞争而是竞争以外（政治）的标准了。一个积极决定的事实构成前提条件是，行为所实现的公共利益超过了竞争条件下市场经济秩序上的公共利益，且有此必要〔7〕。

〔1〕 根据《卡特尔法》第 7 条第 1 款，占有市场支配地位的企业的下列行为为非法："滥用其地位，阻碍其他企业加入或参与竞争，或歧视对待交易相对方。"第 2 款不完全地列举了若干应该禁止的行为。

〔2〕 根据《卡特尔法》第 9 条，企业的并购交易额若达到某一特定临界值，则应将该项交易在其实施前向竞争委员会申报。如初步审查认为，该项交易将使交易方取得或加强其市场支配地位，则由竞争委员会根据《卡特尔法》第 10 条进行进一步的审查。竞争委员会有权否决交易或附加限制性的条件而不予禁止。

〔3〕 ZÄCH/Kartellrecht，第 59 页；参考 Homburger/Kommentar，第 348 页；ZÄCH/Kartellrecht，第 60 页。

〔4〕 参考 ZÄCH/Kartellrecht，第 2 页。

〔5〕 1999 年 Roche，BASF 以及另外的 11 家公司在美国和欧盟被裁定参与了维他命卡特尔，并被处于了高昂的罚金；但瑞士受当时法律规定所限，未能作出相应的处罚。受该案影响，在 2004 年，瑞士对法规作出了相应修改。

〔6〕《卡特尔法》第 15 条。

〔7〕 "如公共设施、健康、经济结构、区域政策、劳动力市场或环境保护等方面的公共利益因素"（ZÄCH/Kartellrecht，第 252 页）。

瑞士卡特尔法的特征

较之美国和欧洲共同体，瑞士的卡特尔法具有如下 3 个特征：

（1）竞争理念赢得人心，历程漫长。美国的《谢尔曼法》早已于 1890 年付诸实施，《欧洲煤钢共同体条约》也于 1952 年付诸实施[1]，而瑞士直至 1995 年才通过了第一部带有"牙齿"的《卡特尔法》。尽管，竞争理念于前已存于瑞士，《卡特尔法》的宪法基础也已在 1947 年得以明确，但长期以来，社会整体利益的考量限制了它的实施。需要承认的是，正是"欧洲"，最终帮助瑞士完成了对竞争进行体系化保护的突破。

（2）实施主要依靠行政执法。根据联邦法院关于保护个体经济自由（Wirtschaftliche Persönlichkeit）[2]的判例，第一部《卡特尔法》就规定了以民法导向为原则的基本结构，现行《卡特尔法》也将民事诉讼程序[3]并列于竞争委员会的行政执法，但前者效果微乎其微[4]。较之竞争委员会的作为，直至今日，通过卡特尔法民事程序所作判决屈指可数[5]。究其原因，一是卡特尔法存在重大弱点；二是对于潜在起诉人而言，行政手段较之民事诉讼，成本更低、风险更小；三是瑞士近于欧盟，缺少有效的法律激励机制，如"三倍赔偿"、"集体诉讼"或"审前发现机制"[6]。1995 年的重大修改也没有改观上述状

---

〔1〕 《Botschaft 1994》，第 469 页。

〔2〕 见瑞士联邦法院司法判例 BGE II，第 374 页（亦可参考 Schmidhauser/Kommentar, Rz. 1 ff.）。

〔3〕 Schluep/Eigenarten，第 72 页。

〔4〕 《Botschaft 1961》，第 23 页。

〔5〕 ZÄCH/Kartellrecht，第 409 页。

〔6〕 ZÄCH/Kartellrecht，第 70 页。

况，立法者在程序法上也将更大的权重放于行政执法而非民事诉讼上，因此可以明言，当前的实践将持续下去，瑞士的国家机构在竞争系统维护方面也将继续发挥核心作用[1]。

（3）竞争委员会除由官员和独立专家组成外[2]，还包括行业代表。《卡特尔法》规定，竞争委员会组成人选半数以上须为独立专家，"非独立"的行业代表也应占相应席位[3]。在视界之内，这一做法在世界范围内可谓独一无二。这一做法初次观感不佳，也易引起对竞争委员会成员独立性和不带成见性以致对其决定的质疑，从而引起对其法治国家理念上的关切。顺理成章地，在过去，竞争委员会的组成遭到了多次的质问[4]，同时也是议会质询的对象。但瑞士这一"特色"还是得到了保留[5]。原因其一是瑞士独立专业人士供应不足[6]；其二是避免官僚膨胀，利用经济界已有专业知识，成本也相对低廉，且也符合瑞士的"民兵"传统；其三是所谓的"独立"专家也不见得能够完全脱离自己的专业旨趣[7]。在立法者看来，为确保竞争委员会免于特殊经济利益左右而保持独立和中立[8]，还不如

---

〔1〕 "一方面这符合国际趋势，另一方面，它既回应了单个市场参与者对良好竞争环境的要求，同时也是国家刻不容缓的应尽职责"（Borer/Kommentar，第32页）。

〔2〕 参考《卡特尔法》第18条第2款。

〔3〕 根据《卡特尔法》第18条第2款，竞争委员会的多数必须具有足够的独立性，而其他的"少数"则允许其代表经济组织或其他行业组织的利益（Borer/Kommentar，第18条第6款）。

〔4〕 参考 Schluep/Prot. KK，1976.04.24，第24页。

〔5〕 Botschaft，第2031页。

〔6〕 参考 www. parlamento. ch/poly/Suchen_ amtl_ Bulletin/cn96/printemp/861. htm.

〔7〕 Borer/Kommentar，第19条，第312页。

〔8〕 《卡特尔法》第19条第1款明确规定了竞争委员会相对于其他行政机关应具有的独立性。

采取《卡特尔法》第22条规定的辞退机制来得实在[1]。相对
于此前，目前对竞争委员会成员的辞退的规定更加的深入，这
也佐证了这一问题的重要性与时俱增[2]。鉴于竞争委员会的
决定所带来的巨大的经济影响力，辞退机制对于维护竞争委员
会的独立和中立是否能够发挥相应作用，还需留待下一次《卡
特尔法》修改时做出判断。

评述

简而论之，瑞士竞争机制的加强是一个缓慢渐进的过程。
在结果上，竞争保护迄今也与国际接轨。但在国内市场的开放程
度上，以及国内和跨境竞争的激励程度上，皆不可同日而语[3]。
但这一过程，为瑞士经济之利益，势必往前不可。有一点看来
是明确的：竞争是经济繁荣之必要前提。如若瑞士经济想在国
际上站稳脚跟，则需增强国内之竞争。正如迈克尔波特说言：
"在国内无须竞争的企业鲜有在海外成功"。[4]

尽管瑞士已进一步开放国内市场，以使瑞士企业在海外不
致遭受歧视，但还是一如既往地庇护着相当一部分的出口企业
免受国际竞争的压力，如农业、汽车贸易、电力、自由职业、
教育等[5]。瑞士总是陈旧地认为，外国竞争是糟糕的，它是
兴旺的绊脚石[6]。但经受住国际竞争洗礼至今强劲的瑞士出

---

[1] 《卡特尔法》第22条第2款。

[2] 《Botschaft 1981》，第58页。

[3] 尽管IMD2005年的研究显示，瑞士的国家竞争力在全球排在了第8位，
但这一成就的取得主要归功于瑞士经济涉外部分的规模和生机（参考2005年5月12
日《新苏黎世报》（NZZ）第21页的报道）。

[4] Porter，第662页。

[5] 见Gerber.

[6] 见Gerber.

口业却证明，上述观念应该被废弃至旧纸堆里，因为它鲜活地认证了反面[1]。

最后需要指出的是，瑞士应把握全球化的脉搏推进竞争环境的改进，完善竞争立法。在全球财富的再分配过程中，瑞士无法不相应地调整自己，对于饱和、才情衰减的社会而言，首当其冲的是如何维护当前所有而不致失去。这是一个阵痛的过程，我们也不得不放弃一些已获得的，但改革迫切而必要。需要做的包括，可举国内市场法改革[2]、以欧盟为相对方单方引入"第荣卡西斯原则"[3]（Cassis De Dijon – Principles）等[4]。

───────────

〔1〕 "瑞士国内市场竞争不足。这个国家国内市场太小，各产业自身无法产生足够的竞争。因此，它只能来自于国外。瑞士国内市场应当有竞争的存在"（Sturm，第7页）。

〔2〕 参考 http：//www. evd. admin. ch/imperia/md/content/dossiers/marche_ interieur/d/doc_ presse_ marche_ interieur_ d. pdf；Zürcher，第15页。

〔3〕 2005年9月，瑞士联邦委员会应国民院议员 Doris Leuthard 的提议，对 Cassis de Dijon 原则的若干实施方案进行了研究。初步研究的结果为：以后凡是在欧盟自由流通的产品均可以进入瑞士市场。为此，联邦关于技术贸易壁垒的规定应做相应修改（参考联邦委员会在 www. seco. admin. ch 上的专题报告）。

〔4〕 参考 2005年3月25日《新苏黎世报》（NZZ）第15页的报道。

中国竞争法

中国，从封建小农经济走来，经多年共产主义的高度集中的计划经济后拥抱市场经济制度。

竞争法背景

直至新近，中国、竞争，以及竞争法这三者似乎都很难真正地组合在一起。1949 年中华人民共和国建国，在这个共产主义主导的国家，实行的是苏联模式的计划经济体制，不存在私人财产、法治保障、经济自由和竞争[1]。

1978 年毛泽东逝世后，在邓小平的引领下，中国开始了真正意义上的制度转化，并开始了影响深远的经济改革[2]。邓清楚地意识到，计划经济在中国被证明是缺乏效率的。借助实用主义的"方法"——周知的"猫"论[3]："不管是白猫黑猫，能抓老鼠的就是好猫"——中国政府决定全面推行经济改革，且在 1993 年决定引入"社会主义市场经济"制度。通过这

---

〔1〕 1978 年改革之前，中国的各类企业实质上都为国家所控制。政府决定销售价格和产量。工作靠分配，拿的是一生铁饭碗。私营企业在 1978 年之前即使存在，也是数量极少，发挥的作用也是微乎其微。

〔2〕 参考 Owen/Zheng，第 5 页；Wang Xiaoye，第 1 页；NÄgeli，第 3 页。

〔3〕 该言论收入《邓小平文选》（第一卷）（1938～1965）。

一大革命式的举措，中国展现给世人的是一个实行市场经济制度的国家，且具有中国特色。

竞争在中国的地位

以竞争作为协调机制的市场经济理念在中国还是一个相对较新的事物。1978 中国政府开始了以市场经济为方向的渐进式改革。在这一迄今仍在持续的进程中，改革的目标，即市场导向和竞争的程度和范围，经过了多次的重新定义。在 1978 年 12 月召开的中共第十一届三中全会上，执政党宣布减少命令式计划，增加指导性计划。在 1984 年 10 月 20 日召开的中共第十二届三中全会上，执政党决定实行"有计划的商品经济"。在 1992 年 10 月举行的第十四届全国人民代表大会上，"社会主义市场经济"取代了"有计划的商品经济"成为了新的改革目标，并在 1993 年 3 月写入了《中华人民共和国宪法》[1]。

市场经济作为一种资源配置机制，具有很大的优越性，渐进的以竞争为导向的改革之所以得以进行，一方面，开始于这一认识。不同经济政策上的系统因素之间竞争的加强，使得旧制度的"弱"和新市场经济制度的"强"展现无疑，政治决策者和民众的改革意志也随之增强。另一方面，以市场为导向的经济改革也反映了党内的权力重组[2]。

中国在国民经济新方向前进的过程中，通过经济自由化和相应法律规范的制定，成功地构建了一个"技术性"经济法框架。这方面努力的重点是经济法，尤其是合同法、破产法、公司法、外国投资法和有价证券法。中国施行了广泛的改革和开放战略，构建了经济政策框架，方便了市场经济活动，降低了

---

〔1〕《宪法》第 6 条。
〔2〕 Opper，第 68 页。

交易成本〔1〕，因此，改革的方向在根本上可被认为是以市场为导向的。但需要认识到，中国从未打算完全放弃国家经济计划功能和干预手段。相反，执政党在传统计划手段功效降低之际要求在一个全新的框架内提升经济设计能力，而不是将国民经济的发展完全交给市场力量。因此，中国赋予市场经济和竞争的角色尽管重要但不是全面而唯一的。

市场在中国的发挥空间并没有像被期待的那样，因此，很多西方国家在是否承认中国市场经济地位问题上的态度极其保守。在多国政府已承认中国市场经济地位的同时〔2〕，中国最为重要的贸易伙伴如美国和欧盟，将他们市场经济地位的赋予与如下四个主要条件的实现相挂钩：（1）减少国家和政党对经济的影响；（2）改善公司治理和会计制度；（3）保护财产担保和制定一部有效的破产法；（4）金融改革，尤其是与市场相适用的银行行为〔3〕。

尽管美国和欧盟也承认，在过去 20 年，中国经济已从由马克思列宁主义、毛泽东思想挂帅的经济体制〔4〕转向了一个市场决定重要经济行为的体制〔5〕。但他们同时也指出，伴随着经济改革的只是部分的法律体系改革，政治改革从未同时、同

---

〔1〕 但各类活动一如既往地置于各级政府的直接政治控制之下，腐败问题不容忽视。

〔2〕 其中有巴西、阿根廷、亚美尼亚、巴巴多斯、贝宁、文莱、柬埔寨、格鲁吉亚、圭亚那、印度尼西亚、老挝、马来西亚、新西兰、菲律宾、新加坡、南非、泰国、多哥、越南等。

〔3〕 参考 http://europa. eu. int/comm/trade/issues/bilateral/countries/china/pr280604 _ en. htm.

〔4〕 从历史的角度看，高度集中的计划经济在中国被证明是行不通的（Owen/Zheng，第 4 页）。

〔5〕 但各级政府所有或控制的企业在国民经济中仍然扮演着举足轻重的角色。只是随着沿海地区的私营企业的发展，局面才开始改观（Owen/Zheng，第 3 页）。

程度地推进[1]。

当前政府的改革努力显示，中国的社会主义市场经济的有效运转要求有适当的法律以保证透明性和法的安定性（Rechtssicherheit）。但相应的改革不可能一夜间得以实现[2]。美国和欧盟赋予中国市场经济地位所列举的条件本质上是要求中国进行全面的法律和政治改革，是对目前"中国道路"的改弦易辙。可以预见，北京并没有如此跨越的打算。因为全面的改革不可避免地需要对法治、法的安定性、司法独立、共产党的权力诉求等问题进行深入探讨。

竞争立法

在竞争立法方面，中国政府已施行了若干重要法律法规。1993 年通过的《反不正当竞争法》为保护正当竞争作了很多重要的规定[3]。1997 年实施的《价格法》要求经营者"不得有下列不正当价格行为[4]：相互串通，操纵市场价格，损害其他经营者或者消费者的合法权益"。自 2000 年 1 月 1 日，一部

---

[1] Owen/Zheng，第 1 页。

[2] "美国以及欧洲花了几十年的时间才建立了内在连贯的竞争规则，期望中国在一夜间达成是不应该的"（Buch，第 1 页；Owen/Zheng，第 8 页）。

[3] 《中华人民共和国反不正当竞争法》第 6 条："公用企业或者其他依法具有独占地位的经营者，不得限定他人购买其指定的经营者的商品，以排挤其他经营者的公平竞争。"第 7 条："政府及其所属部门不得滥用行政权力，限定他人购买其指定的经营者的商品，限制其他经营者正当的经营活动。政府及其所属部门不得滥用行政权力，限制外地商品进入本地市场，或者本地商品流向外地市场。"第 15 条："投标者不得串通投标，抬高标价或者压低标价。投标者和招标者不得相互勾结，以排挤竞争对手的公平竞争。"第 27 条禁止了固定价格行为。该法还规范了其他方面，如商业贿赂、不正当广告行为等。但总体而言，该法相比较而言，还不那么成熟（参考 Wang Xiaoye，第 2 页）。

[4] Wang Xiaoye，第 2 页。

关于公开收购或者说"并购"的法律开始实施[1]。中国政府在最近几年通过了一系列试行性行政指引，待时机成熟时，再通过立法来纠正特定弊端，如2001年通过的《国务院关于禁止在市场经济活动中实行地区封锁的规定》[2]，2003年实施的《外国投资者并购境内企业的暂行规定》，以及2003年的《制止价格垄断行为暂行规定》。基于体制上的原因以及点对点的规制模式，这些规范取得的效果是有限的[3]。

　　直至最近，中国都没有全面立法禁止滥用市场支配地位[4]，并且也缺乏施之有效的规定以制止在中国尤为突出的国家限制竞争行为[5]。在法律规范实施方面，中国也没有一个核心主管机构，以统一执行竞争规范。具有管理公共事务职能的国有企业以及其他管理组织滥用行政权力的行为一般也只是由上级主管机关予以处罚。人员的不足以及知识的缺乏也在很大程度上制约了规范的有效实施[6]。

---

　　〔1〕《中华人民共和国中华人民共和国招标投标法》（1999年8月30日通过，自2000年1月1日起施行）；《外国投资者并购境内企业暂行规定》（2003年1月2日通过，自2003年4月12日起施行）；《制止价格垄断行为暂行规定》（2003年6月18日通过，自2003年11月1日起施行）。

　　〔2〕该规定第3条规定："禁止各种形式的地区封锁行为"，"禁止任何单位或者个人违反法律、行政法规和国务院的规定，以任何方式阻挠、干预外地产品或者工程建设类服务进入本地市场，或者对阻挠、干预外地产品或者服务进入本地市场的行为纵容、包庇，限制公平竞争"。

　　〔3〕Wang Xiaoye，第5页。

　　〔4〕参考Mason/Athena，第7页；《Asialaw》，2004年11月，第7页。

　　〔5〕如汽车业的地方保护，如雪铁龙生产基地所在的省份在1999年10月1日起对雪铁龙以外的汽车征收特别费，以"帮助有特别困难的企业"；上海也曾经对非"大众"的汽车征收过类似特别费（Wang Xiaoye，第4页）。

　　〔6〕Wang Xiaoye，第5页。

中国新竞争法

在过去的 14 年，中国的专家学者仔细考察了美国、日本和欧洲的竞争制度，在这基础上，在 2005 年形成了《中国竞争法第一稿》，经过内部激烈的讨论和多次的修改，第十届全国人民代表大会常务委员会于 2007 年 8 月 30 日通过并公布了《反垄断法》，该法自 2008 年 8 月 1 日起施行。这部新法的目的是"预防和制止垄断行为，保护市场公平竞争，提高经济效率，维护消费者利益和社会公共利益，促进社会主义市场经济的健康发展"（第 1 条）。除最后一项后，其他的目的设定与西方竞争法并无根本不同〔1〕。

该法立法模式近德国和欧盟模式，秉承了全世界普遍实践的"三支柱原则"（Dreisäulenprinzip）（卡特尔禁止、禁止滥用市场支配地位和经营者集中控制），但增加了对行政机关和公共机构限制竞争行为的规制。

（一）限制竞争合谋的禁止

新法就横向和纵向协议作了不同规定。首先，该法禁止具有竞争关系的经营者达成限制竞争的合谋和协同行为（"垄断协议"），其中包括下列五类典型协议：固定价格、限制生产和销售、市场分割、限制新技术获取和联合抵制。该法还包括一个"抓住全部"的"兜底"条款，即新的竞争主管机关有权认定"其他"的横向垄断协议（第 13 条）。纵向协议方面，新法禁止固定或限定商品再销售价格。同样，竞争主管机关可以禁止"其他"的协议（第 14 条）。

如欧共同体所做的那样，中国的竞争法也明确规定了横向

---

〔1〕 如瑞士的《卡特尔法》第 1 条规定的立法目的为"制止卡特尔和其他限制竞争行为对国民经济和社会利益的损害，增进竞争，从而促进自由市场经济的发展"。

和纵向垄断协议除外适用情形（第15条）。如经营者能够证明，他们达成协议旨在实现新法所设目标，则该协议或能被豁免。新法规定的正当目的有促进技术进步、增进效率、降低成本、实现社会公共利益、保障对外贸易正当利益以及法律和国务院规定的其他理由（第15条）。

从西方的角度看来，上述诸多除外适用还是令人熟悉的，但给与国务院一个"空白委任状"（Blankovollmacht），任其规定其他适用例外理由的做法，多少有些问题。它打开了一个缺口，可能导致"政治适用除外"而非"竞争适用除外"。考虑到中国经济的快速发展，以及能源、环保和医疗方面存在的诸多未决问题，立法者为使政府可以依据政治和社会状况适时干预而作上述安排还是可以理解的。至于法律赋予的政府自由规定空间在多大频率上、多大范围内得到实际利用，以及立法的主要意图即竞争保护是否会受到伤害，则有待观察。另一从西方角度看来存在疑问的方面是"保障对外贸易的正当利益"，即为提升国内企业的国际竞争力而豁免那些有伤竞争的协议，路径是否合适[1]。

（二）滥用市场支配地位的禁止

新法对滥用市场支配地位做了禁制（第17条）。新法禁止"具有市场支配地位的经营者"以不公平高价销售商品，以低于成本的价格销售商品，拒绝与相对人进行交易以及歧视性价格政策等等。同样，竞争主管机关有权认定其他滥用市场支配地位的行为而予以禁止（第17条）。值得注意的是，上述禁止是在所涉企业没有正当理由而无法为其滥用行为辩解的情况下进行的（"没有正当理由"）。至于什么是正当理由则有待澄清。

---

〔1〕 Xiaofei Mao，第576页。

新法规定了认定经营者具有市场支配地位应当依据的因素，它注意到，高比例的市场份额本身不一定意味着具有市场支配地位，市场份额的分配结构是一个需要多加考虑的方面。其中需考虑：经营者控制销售市场或者原材料采购市场的能力，经营者的财力和技术条件，其他经营者进入相关市场的难易程度以及与竞争相关的其他因素。对于那些占有市场份额达到一定比例的企业可以推定具有市场支配地位，即一个经营者在相关市场的市场份额达到二分之一的，两个经营者合计达到三分之二的（共同市场份额），三个经营者合计达到四分之三的。被推定具有市场支配地位的经营者，可举证推翻该项推定（第19条）。

（三）经营者集中控制

新法规定了经营者集中的三种情形以及对其的控制：经营者合并，通过取得多数股权或影响力而获得对另一经营者的控制权（比如通过合同）（第20条）。如国际一般做法，新法与申报标准相联系。如果经营者集中达到一定的申报标准，经营者应当事先向新的竞争主管机关申报。与此前草案不同的是，尤为重要的申报标准并没有出现在最终的法案上，而是交由国务院另行规定（第21条）。

与新法生效同时，国务院于2008年8月1日通过并于2008年8月3日公布了《关于经营者集中申报标准的规定》，该规定自公布之日起施行。经营者达到如下标准的，应当事先申报：（1）参与集中的所有经营者上一会计年度在全球范围内的营业额合计超过100亿元人民币，并且其中至少两个经营者上一会计年度在中国境内的营业额均超过4亿元人民币；（2）参与集中的所有经营者上一会计年度在中国境内的营业额合计超过20亿元人民币，并且其中至少两个经营者上一会计年度在中国境内的营业额均超过

4亿元人民币[1]。尽管一些规定有待细化[2]，相对于并购法规和2008年年初的《反垄断法讨论稿》所建议的数值，此次确定的申报标准更为合理。

审查经营者集中应考虑的因素包括市场份额、相关市场的市场集中度、市场准入、对消费者和国民经济发展的影响以及其他竞争主管机关认为应当考虑的影响市场竞争的其他因素（第27条）[3]。竞争主管的自由裁量空间在经营者集中控制方面还得到了进一步的拓展：新法规定，如所涉企业能够证明该集中对竞争利大于弊，或符合社会公共利益，主管机关可以不予禁止。如此规定，表明新法明确地放弃了对竞争因素和非竞争因素的区分，因此，不妨得出如下结论，即在中国竞争法的未来实践中，对整体利益的考量较之当今的欧盟必会更重。

在外国投资者看来，新法对外资和中资企业同等适用，摒除此前外资并购法律中对外资企业的不平等对待的做法，因此新法通过是一利好。存在争议的地方在于第31条，该条规定，外国企业购买中国企业或通过资本参股中国企业如果涉及国家安全，则须根据相关规定予以特别审查[4]。这意味着，特定经济领域或工业的外国投资有可能被竞争主管机关拒之门外。

与欧盟实践相近，新法也规定了审查期限[5]。禁止性决

---

〔1〕 http://www.gov.cn/zwgk/2008 - 08/04/content_ 1063769. htm.

〔2〕 如新法与现行并购法规之间的协调问题。

〔3〕 原《外国投资者并购境内企业反垄断申报指南》中列举的标准是否还继续适用，这一问题有待进一步的观察。

〔4〕《反垄断法》第31条："对外资并购境内企业或者以其他方式参与经营者集中，涉及国家安全的，除依照本法规定进行经营者集中审查外，还应当按照国家有关规定进行国家安全审查。"

〔5〕 主管当局在收到符合规定的文件后30天内进行初步审查，需进一步审查的，在90天内完毕，特定情形下最长可延长60天（《反垄断法》第25条和第26条）。

定须说明理由（第28条）并"及时"予以公布（第30条）。如此进取的规定在现实中得到多大程度的遵守还有待观察。

（四）行政机关和公共机构限制竞争行为的禁止

行政机关和公共机构扭曲竞争机制的现象在中国尤其严重，地方保护主义盛行[1]。在这一问题上，一部分人主张将此问题放在反垄断的框架内予以处理，一部分人则主张另行立法，两派观点争持甚久，以致造成新法迟迟不能出台。

考虑到行政权力过度干预市场行为的历史做法，这一禁止行政机关滥用权力排除和限制竞争的针对性规定备受社会诸方的欢迎。这也彰显了中国领导人让市场做主、深化全中国内部统一市场建设的不懈努力。但目前还无法判断，该规定的实际相关性：对行政机关和公共机构的违法行为，竞争主管并无权进行直接处分，而导致对此类行为只怕是宣而不战[2]。

但对行政性机关和机构滥用权力限制竞争行为的禁止，其意图或者说其所表达出来的意愿本身就是一大进步。它有利于消除地方政府在全中国统一市场形成过程中的阻碍性影响[3]。妨碍商品地区间流通的下列行为受到禁止，如对外地商品规定歧视性价格、检验标准、技术要求、行政许可或设置关卡阻碍外地商品进入或者从本地商品运出等（第33条）。同时，被规制主体也不得排斥或限制外地经营者参加本地的公共招投标活动、在本地投资或者设立分支机构。新法还一般性禁止行政机关制定含有排除、限制竞争内容的规定（第37条）。但关系国

---

〔1〕 "危害最大的垄断行为来自政府对行政权力的滥用"（Edward Epstein, "Investors Fear Over China Monopolies Law", in *Financial Times*, 2007年8月30日）。

〔2〕 Xiaofei Mao，第580页。

〔3〕 在这方面中国的反垄断法与欧盟的竞争法相似，担当了一定的市场融合功能。

民经济命脉和国家安全的国有企业以及那些负有"生存照顾"（Daseinsvorsorge）义务的企业并不作为新竞争法的规制重点。

（五）实施

按照新法规定，中国实行"二元"执法机制：即国务院设立反垄断委员会负责基础性工作，如拟定竞争政策、发布指南等，"组织、协调、指导反垄断工作"，以及"国务院规定的其他职责"（第9条）；而具体执法由国务院规定的承担反垄断执法职责的机构（"反垄断执法机构"）来进行（第10条）[1]。

中国并没有创设一个单一的执法机构，而是将反垄断法执法权分散至三个既存的、按照现行法律法规已承担竞争问题执法任务的部门身上[2]：商务部将负责经营者集中控制；国家工商行政管理总局将负责除价格垄断以外的垄断协议、滥用市场支配地位、滥用行政权力排除限制竞争方面的执法工作；而国家发展和改革委员会则专门负责查处价格垄断行为[3]。反垄断法委员会则专注于相关执行工作的协调和政策指南的制定[4]。国务院则为敏感领域提供一个讨论和决策场所，并被反垄断法赋予了在机构建制和开放条款（Öffnungsklauseln）另行规定诸方面的重要权限。

反垄断委员会和反垄断执法机构是否属上下级领导和被领导关系，在这一问题上，新法并没有作明确规定。但反垄断委员会不仅负责起草基本竞争政策以及相应的指南，还负责协调执法工作，因此，可以想见，反垄断委员会必然会对反垄断执法机构的执法施加重要的影响，尽管其本身并不能直接向反垄

〔1〕 http://www.chinadaily.com.cn/cndy/2008-07/16/content_9849661.htm.

〔2〕 http://www.iolaw.org.cn/showarticle.asp? id=2048.

〔3〕 http://www.gov.cn/zwgk/2008-08/04/content_1063769.htm.

〔4〕 http://www.chinadaily.com.cn/cndy/2008-07/16/content_6849661.htm.

断执法机构发出指示。

为保障新法在幅员辽阔的国土上得以顺利实施，反垄断执法机构可根据工作需要，授权省、自治区、直辖市人民政府相应的机构，负责有关反垄断执法工作（第10条）。

新法的实施主要依靠行政执法。反垄断执法机构即上述国家部委负责对涉嫌垄断行为进行查处。基于这一目的，反垄断执法机构被赋予了一系列的权限，如进入有关场所调查，询问相关方和查询经营者银行账户等（第39条）。相关方（被调查的经营者、利害关系人或者其他有关单位或个人）有义务与反垄断执法机构协作（第42条）。对在执法过程中知悉的商业秘密，反垄断执法机构及其工作人员负有保密义务（第41条）。

在罚金方面，如国际通常做法，一般处上一年度销售额百分之一以上百分之十以下的罚款。在"关键证人规则"（Kronzeugenregelung）下，经营者主动与反垄断执法机构合作的，反垄断执法机构可以减轻或免除对该经营者的处罚（第46条）。经营者对罚金不服的，可申请行政复议，对行政复议决定不服的，可向有管辖权的法院提起行政诉讼（第53条）。

新法在倚重行政执法的同时也规定了民事责任（第50条）[1]。这一规定是否能以及如何得到落实，鉴于法院独立性方面存在的不确定性，还有待观察。另外，中国也像欧洲那样缺乏私人诉权得以持续发挥效果的机制性前提条件（institutionelle Voraussetzungen），尤其是"三倍赔偿"，"审前发现程序"等。

（六）新法对外国企业的影响

中国根据国际认可的标准通过了自己的竞争法，在许多方面，中国领导人的勇气都值得称赞，这也意味着中国向完全的市场经

---

[1]《反垄断法》第50条："经营者实施垄断行为，给他人造成损失的，依法承担民事责任。"

济又迈进了重要的一步。新的竞争法在根本上摒弃对外资和内资企业的区别对待，这无论对作为整体的中国国民经济还是对作为个体的内资和外资都有裨益。中国的改革力量能否在配套实施该法过程中得到加强和支持，事关国际经济发展大局。

地方政府机关和公共机关排除限制竞争、扭曲正常竞争机制的现象在中国表现得相当严重，鉴于该现状，中国如何实际执行"行政机关和公共机构滥用行政权力排除限制竞争"这一禁制，各方必将拭目以待。至少，从法律条文看来，外国商品也在新法保护之列，这对外国生产商来说，就多了一个反对地方保护主义的法律武器，对破除地方壁垒应有促进作用。

具有重大现实意义的是新法的域外适用效力（第2条）[1]。这一规定，近美国和欧盟的效果原则。这一规定意味着自2008年8月1日起凡对中国境内市场竞争产生排除、限制影响的垄断行为，即使发生在中国境外，也可能是中国竞争法的规制对象，从而受中国司法的管辖。

通常外国企业因为在产品更新和质量上所具有的优势而能够迅速取得较大的市场份额，这很容易将其自己置于"滥用市场力量"各方指责的漩涡中，因此，主管当局如何把握相关市场的认定尺度，也是外国企业的一个关心的重点。2004年国家工商行政管理总局公布的一个报告中就批评了一些外国大型跨国公司，如微软（Microsoft）、利乐（Tetra - Pak）、柯达（Ko-dak）等[2]，所可能进行的限制竞争行为。

---

〔1〕《反垄断法》第2条："中华人民共和国境内经济活动中的垄断行为，适用本法；中华人民共和国境外的垄断行为，对境内市场竞争产生排除、限制影响的，适用本法。"

〔2〕"跨国公司的巨头们，他们进入中国市场后，在诸多领域迅速地积累了相当的实力。他们的管理者们，应清醒地意识到，一些行为是被禁止的"（《China Law & Policy》，2004年7/8月，第18页）。

外国企业另外更为关注的是经营者集中控制。基于中国竞争法的域外适用效力，新法施行以后进行的国际重大并购，如果它达到了中国确定的申报标准，该并购就得征得中国竞争主管机关的同意。这意味着，80 多个合并控制主管机构组成的国际大家庭，自 2008 年 8 月 1 日又多了一个新成员，一个必须向其打招呼问好的成员。这无疑给了中国竞争主管机关一个强有力的地位。鉴于中国经济所具有的地位，所涉外国企业往往无法承担因不遵守中国所设定的条件和要求而不得不退出中国市场这一巨大代价。

但西方切不可恶意批评中国竞争法的域外适用效力，因为，多年来实践这一工具并带来深远效果的正是西方本身[1]！

另一话题是贸易保护主义。中国一直在试图保护本国经济免受外国竞争的冲击[2]，在这一背景下，很多人就担心中国的新竞争法是否为本国的贸易保护预设手段和机制。这种担心空穴来风，未必无因，因为在新法下，中国竞争主管机关可能基于"国家安全"而否决外国企业集团对中国企业的并购（第31 条）。尽管当前中国的基本共识是，中国经济的持续发展需要更多的竞争，但对于中国而言，如何将外国企业的影响减至最低的同时又能提升中国经济的竞争力，始终是一个绕不过去的中心话题。

另外一个有待清晰的是新法关于知识产权方面的规定。第55 条规定，经营者"滥用"知识产权，排除、限制竞争的行为适用新法。但知识产权，如专利，其定义本身就已意味着所有

〔1〕 Vincent Cheung, www. shanghaiexpat. com/modules. php? op = modload&name = News&file = article, 2007. 09. 27.

〔2〕 参考 Jamil Anderlini, "Investors Fear Over China Monopolies Law", in *Financial Times*, 2007 年 08 月 30 日。

权人在其权利范围内具有一定期限限制的垄断〔1〕。在不对该规定作更多解释的情况下，很容易使外国投资者产生不良感觉，因为这一规定可能成为中国竞争主管机关在竞争违法调查中歧视对待外国企业甚至将外国企业驱逐出市场的手段〔2〕。

按照新法规定，在反垄断执法机构对涉嫌垄断行为的调查过程中，不仅被调查的企业，它的雇员也都应当配合反垄断执法机构的调查，且不得拒绝、阻碍。因此，外国企业在保护其雇员时，应该小心谨慎，在披露内部信息方面应坚持"必要知道"原则。

总体而言，在外国企业看来，新法的通过及施行是中国经济日益开放的一个里程碑、一大进步。

评述

如果试图对中国那些肩负国家职责者在引入竞争制度过程中所作的努力作出评价的话，首先应该承认中国的努力在经济上已取得了令人难以置信的成功。在过去的 20 年中，中国对外秉持务实的开放政策，对内则有步骤地放松管制，这些努力带来了一个独一无二的经济繁荣，不曾想，当今的中国已是全球第二大贸易大国了。中国的改革带来了成效，它建立了一个体系，在这种体系下，分散式的、以竞争为导向的市场成了众多重要经济决策的最终决定者。

在这一发展背景下，新的竞争法是提升中国经济效率的一个有趣和现代的尝试，它也是向西方学习、借鉴西方为我所用的一部分。鉴于国家规模和构建全国统一市场的必要性，建立

---

〔1〕 参考 Jamil Anderlini, "Investors Fear Over China Monopolies Law", in *Financial Times*, 2007 年 8 月 30 日。

〔2〕 参考 Bush Nathan, http://www.chinabusinessreview.com/public/0505/bush.html.

一个类似欧洲共同体的行政集中执法体系将被证明是合理的。在中国，考虑到目前中国的体制，像美国那样私人诉权得到充分发展的情形在可预见的未来只会在一个相对狭小的空间内出现。从比较法的"路径"来看，中国在"独立发展"道路上不妨借鉴欧盟的做法，通过竞争法，减除地方政府对全国统一市场形成所造成的阻碍性影响。欧盟"自上而下"融合政策的成功是否能在中国再现，考虑到中国当前的法制建设，答案尚未能知。从西方人的角度来看，心头之虑来自新竞争法条文的宽泛以及赋予法院和主管机关的过大的自由裁量权。

新竞争法律制度之成功，取决于中国人待竞争法之态度。在政策上，中国似乎已充分意识到市场经济较之国家经济计划在整体经济效益上所能带来的好处，但国家对经济影响力的递减、国际集团对已开放市场影响力的递增势必也将制衡政策的具体实施和实施效果。尽管，中国此间在国内已形成了共识，即中国经济领域的竞争不是太多而是太少，但如何将外国企业的影响力降至最低的同时，也能够提升中国企业的竞争力就是一个核心难题了[1]。

另外一个巨大挑战是国有企业在新竞争格局下的经济生存能力。如果国有企业出现大范围倒闭，就会带来大规模的失业，如此，中国的社会保障体制和银行贷款回收就将面临严峻挑战。倘若竞争法律制度的实施促发了这些问题，这必将对当前中国政治制度构成一个真实的挑战。

---

〔1〕 参考《China Law & Practice》，2004 年 7、8 月，第 18 页。

竞争法国际化问题

在竞争法领域，当今世界有超过 100 个的竞争主管机构，它们之间的协调和合作问题构成了这一领域的全新挑战。随着已构建或准备构建竞争法律制度的国家数量的不断增加，以及全球化的不断深入，世界市场的进一步开放，不同法律制度之间的潜在冲突加剧〔1〕。迄今，跨境卡特尔、单方竞争限制、跨国合并毫无例外地只受单一国家竞争法律规制，例外的只有欧洲竞争法〔2〕。国家贸易限制逐步减少后，私人限制竞争可能取而代之构成新的贸易壁垒，如何保护国际市场免受其害，至今还只是停留在构想阶段。目前越来越多的国家采纳了效果原则〔3〕，根据这一原则，限制竞争行为不管在哪发生、由谁实施，只要该行为有损作为保护对象的一国竞争秩序，该国就有权管辖，这使得经济企业越来越无法脱离外国竞争法的规制〔4〕。

---

〔1〕 通用电气并购霍尼韦尔案就是其中的一个例子，当时美国的竞争法主管当局批准了该项收购，但布鲁塞尔却否决了该项交易（eu‐law. blogspot. com/2005/12gehoneywell‐besttigung‐der. html）。

〔2〕 欧盟竞争法是迄今为止区域性竞争法国际融合的唯一的一个成功例子。

〔3〕 参考 Borer/Kommentar，第 2 条，N 17ff.

〔4〕 效果原则的运用最早可见于 1945 年美国联邦最高法院对美国铝（Alcoa）的判决（United States v. Aluminium Co. of America, 145F. 2d416, 2nd Cir. 1945）。

如今，不仅国际卡特尔、跨境合谋和合并日益增多[1]，国家竞争主管机构的数量也呈上升态势[2]，在此情形下，不禁需问，当前国际上的"无系统"规制状态在未来是否还足以保证国际竞争得到足够保护。

竞争法问题上的国际合作和协调，一方面应将相关影响和对一国国民经济的损害减到最低[3]，另一方面也能够保证全球化的好处得到充分发掘[4]，在此问题上，从主张一国为体，到双边合作，至多边协调，观念纷呈，相距甚大[5]。总体上，以"学院"讨论为主，如费肯切小组（Fikentscher Gruppe）[6]，采赫学术交流会（Symposion ZÄch）[7] 等；同时，欧共体部长理事会在这一方面迈出了第一步也是重要的一步：它主张国际竞争法问题应纳入世贸组织的框架内进行。根据欧共体委员的提交的动议[8]，1996 年世贸组织新加坡部长会议成立了一个工作组，初步探讨了国际竞争法律制度构建问题[9]。欧共体部长理事会的构想是，依欧共体模式，破除私人趁国家贸易限

---

〔1〕 这方面的重要案例有 1999 年的维生素案和 2003 年的石墨制电极案（Böge，第 592 页）。

〔2〕 在 2003 年就有 68 个国家通过了并购法规，要求企业依法进行申报（www.whitecase.com/publications/detail.axpx? id = b8441fb1a – 7a15 – 4f00 – b56b – 3b586d64b29e）。

〔3〕 合并控制主管当局的官僚作风往往造成企业的承担负担，并最终影响到消费者的利益（Montag，第 4 页）。

〔4〕 参考 Schatz，第 2 页；Meibom，第 3 页。

〔5〕 参考 Immenga/Rechtsregeln，第 593 页；Basedow/Weltkartellrecht；WTO，第 1 页；Drexl，第 26 页。

〔6〕 Fikentscher, *Competition*，第 281 页。

〔7〕 ZÄch, WTO.

〔8〕 "Competition Policy in the New Trade Order: Strengthening International Cooperation and Rules", KOM (95) 359 endg.

〔9〕 见 http://www.wto.org/english/thewto_e/minist_e/min96_e/wtodec_e.htm.

制和措施减少之际限制竞争、分割市场的企图，通过国际条约，进一步推动"开放的、自由竞争的"全球市场经济体系的建设〔1〕。

上述构想存在诸多的问题和难点。依欧共体模式，执行一个统一的、全球性的竞争法，需要一个强有力的核心机构，它既能够实行监管也能够执行〔2〕。这一前提在世贸组织的框架内是不存在的。正因为欧共体具有超国家的特性且它的法律具有优先地位，它才能够管理那么一个统一的竞争法，而这些在多边体制的世贸组织框架内至少在目前还是不可想象的。在可预计的未来，一个全球性的统一法律结合一个核心的执行机构（世界卡特尔局），这样的构想是无法实现的。各国所遵循的经济政策本就不同，指望就一个具体的模式达成共识已经是困难重重，更何况是最为核心的主权相关问题了〔3〕。

且上述构想相对它可能带来的重要影响并没有得到相应的合法性和民主的足够支持，注定是很难得到有效实施的。从立法技术层面看，选择全面的细则式规制还是选择赋予竞争主管机构广泛权力的通则式规制，选择本身已是两难。通则式规制能适应经济实践的多变需求，这一点可从欧共体的经验得到佐证，但通则式规制也意味着赋予个体国家巨大的自由裁量和判决权，这就面临如何监管这些权力的问题；细则式规制面临的最大不足是，它一旦通过，修改又得经过全体国家的认可，这样一来，它就无法及时适应现实的需要。

进一步而言，巨大的自由裁量和判决空间需要根据法制理

---

〔1〕《欧共体条约》第4条。

〔2〕 欧盟成员国在执行欧盟竞争法的权能限制可从欧盟各条例中一览无遗。

〔3〕 参考时任美国贸易谈判代表佐利克（Zoellick）的一篇演讲，载《华尔街日报》，2003年07月10日（http://www.*singapore.usembassy.gov*/071003.html）。

念进行边界规范和司法控制。欧共体的实践表明，如果要实现权力制衡、执行和监管全球性的竞争法，有效的法律控制是不可或缺的。当前世贸组织争端解决机制鉴于多层次的程序性要求以及众多的说明性工作很难分身承担这一额外的任务。假设世界性的竞争规则成功地纳入世贸组织的法律框架内，此时，就不可能放弃竞争规制的直接适用效力。欧共体的实践也表明，私人企业在跟那些隐蔽的限制竞争行为斗争中如"卫士"一般地发挥着重要的作用。如果一国法律规范放弃私人实施途径，而耽于政治过滤系统，其实施效果也就不可能有多好了；可以想见的是，在较近的未来，世贸组织的成员国赋予世贸组织法律直接适用效力的可能性也是微乎其微。

更为务实的替代性建议有一国竞争法最低标准协议、程序性简化（如统一的合并申报程序）、竞争法管辖权协调机制、或将世贸组织条约延伸至所谓的"与贸易有关的反托拉斯措施"（TRAMS）[1]等。缔约国可自主决定履行这些义务的方式。相应地，关贸总协定/世贸组织的法律实践指向的是国家义务，而非创设成员国法院可直接适用的法律。当然，成员国也可以通过国内法律进一步规定协议的直接适用效力。如果这些没有发生，则相关的审查只应在世贸组织争端解决机构的框架内进行[2]。如此一来，世贸组织的成员国就不必就卡特尔法律规范的内容达成一致，也不必调整争端解决机制以适应卡特尔法行政和司法程序的要求[3]。

---

〔1〕 如此以来，对于 WTO 的各成员国而言，消除限制进口的卡特尔措施就成为其新的义务了。

〔2〕 在这方面，WTO 条约并没有做出与此相反的规定，因此各国的立法者可径直推动 WTO 条约在本国的直接适用（见 Hilf, *Internationales*，第 19 页）。

〔3〕 见 Messen，第 15 页。

现实的选择，第一步是寻求对以竞争为保证手段的市场经济原则的不具约束力的承认，或许，这在今天已是一个重大进步了；第二步是世贸组织成员国就最低标准达成协议，其具体实施需经国内立法〔1〕。如欧共体指令转化为国内法过程中所显示的那样，最低标准遭到国内法实施细则规避的可能不是不存在的，因此需要相应的监管和法律实施机制。再次回到世贸组织竞争法直接适用效力的问题上来：如此前所述，世界政治现实使得在该问题上注定无法达成一致。市场经济与世贸组织争端解决机制相捆绑不仅带来更多的贸易政策上的冲突，对这一判审机构而言本身更是一种系统的转换〔2〕。

2003年世贸组织坎昆部长会议上，美国在若干发展中国家的支持下，拒绝就创设一个有约束力的国际卡特尔法问题进行谈判〔3〕，自此，竞争法国际协调化进程陷入停滞。但另一方面，通过国家间协议——如美国和欧盟的双边协议〔4〕、在经合组织的框架内〔5〕，或在"国际竞争网络"（ICN）〔6〕里，国

---

〔1〕 这相对于要求WTO成员国就开放保险业和电信进行相关国内表决程序而言，在程序上应该会简便些（参考Senti, GATT, 第105页）。

〔2〕 此外，还有裁决的执行力问题。目前还看不到一个快捷和有效的解决方案。

〔3〕 当时一个法学专家组起草了一个《国际反托拉斯法准则》，目的是以准则的形式推动世界卡特尔法的立法，并寄希望于该准则能被各成员国接受而成为WTO/GATT法律体系中的一部分。该准则的主要内容有：在WTO的框架内互相认可；不具有直接效力，由国内转化立法；无国别差异对待；最基本标准；由单一国际机构监督实施（真正负责实施的是各国的法院）。在实体上，该准则定义了"硬核"卡特尔，合理原则和滥用监督（参考Immenga, 第3页）。

〔4〕 参考ABl. L 95, 1995.04.27, 第47~50页；KOM ［1999］439 endg. 1999.09.13；ABl. Nr. L 175, 1999.07.10, 第49页。

〔5〕 见 *Recommendations of the Council between Cooperation between Member Countries on Anticompetitive Practices affecting International Trade*, OECD, Doc. C ［95］130）。

〔6〕 http://www.internationalcompetitionnetwork.org.

家竞争主管机构之间的双边或多边沟通和合作得到了很大的促进。美国人于2000年倡议成立的ICN，在这个松散的平台上[1]，近80个国家的竞争主管机构，紧密联系实践，就具体项目、具体竞争问题进行思想交流，加强和促进了在竞争规制实施方面的相互理解[2]。

然而，不同国家的规制无论是在法律适用的实践上，还是在实践上都存在显著差异。意见一致的情形出现在对"硬核"卡特尔的斗争上，其中包括价格、区域和定额卡特尔以及集体交易抵制的合谋。很多竞争法律把规制的重点放在了合并控制上，但对其意义的理解却不尽相同。其中的一个趋势是设定一个相对于卡特尔较高的介制标准。后者只要限制了竞争即已禁止。合并在另一方面也蕴含"重整激活"和"效率提升"的功能。因此，大部分的法律制度，只有在合并导致市场支配地位的建立或加强时，才会介入予以规制。较大争议存在于如何对待竞争者在"硬核"领域以外开展相互合作这一问题上，以及在具体个案中如何把握禁止滥用市场支配地位行为的执行尺度上[3]。

构建一部世界卡特尔法，因国际共识的缺乏以及具体实施的困难，在可预见的未来是不可实现的。更值得建议的是在更大地程度上利用现有的合作和协调机制，扩大双边合作，加强在既有组织（OECD和WTO）或新设组织（ICN）框架内的合作。协调化进程是一个长期的过程，且取决于相互的思想和信

〔1〕 详情见 BÖge，第593页。

〔2〕 ICN立足于广泛的竞争法思想交流，针对实际问题提出切实的方案和建议，而不寻求自上而下的立法推动，因此，在竞争法的大家庭里，确立了自己独特的地位（参见 BÖge，第599页；亦可见 http://www.usdoj.gov/atr/public/speeches/200736.htm）。

〔3〕 MÖschel，第29页。

息交流。"因此，问题的解决最终落实在每一小步上"[1]。因此，更有意义的是把注意力集中在那些当前确实需要国际解决的问题上。其中，除在卡特尔侦查方面加强主管局合作外，合并控制的国际协作应是首选问题。

---

[1] Meibom，第 4 页。

结论——竞争法的不同功能

从本书对四个竞争法律制度的综览中可以看出，对竞争机制以及竞争法的利用，不同的法治共同体（Rechtsgemeinschaft）有着不同的目的。

在美国，社会政策上的动机——通过权力制衡以保障自由——促发了世界第一部竞争法或反托拉斯法的生成。只是后来才出于经济上的动机，开始向保护竞争有效性方向转变[1]。

在中国，在实质上作为政治构成部分的上述自由理念并不在社会主义市场经济体系设计者的考虑范围之内。在对当前政治体制作更多实质改变前，竞争以及竞争法在中国权力拥有者看来主要是为提升经济效率、加强经济国际竞争力服务的[2]。

在欧盟，除经济上的动机以外，竞争法主要起的是促进融合功能。欧盟竞争格局的优化是服务于融合政策的。相对于美国，竞争的自身价值在欧盟并没有得到更多的认可[3]，它核心的功能更多地在于，打破一国民族市场，建立共同市场，促进联盟融合[4]。

---

[1] 参考 Bork，第 1 页。

[2] 参考 Schluep/Demokratie，第 171 页。

[3] 如卡特尔禁止的例外适用中有政治上的，也有经济上的，具体见《欧共体条约》第 81 条第 3 款。

[4] 参考 MÖschel，第 29 页。

从华盛顿，布鲁塞尔，伯尔尼到北京——竞争法规范和功能比较

在瑞士，1962 年引入竞争法，旨在拓展个人权利[1]，同时促进经济。个人不仅相对于国家享有经济自由，相对于私人经营者，也应享有该自由。卡特尔法规制限制竞争行为，从而使"国民经济和社会免受卡特尔和其他竞争限制行为的伤害"[2]。卡特尔法促进了自由的市场经济秩序的建立，同时也保护了竞争机制本身[3]。但保护"国民经济和社会免收伤害"的整体利益考量制约了瑞士卡特尔法的施行效率。

对当前四个重要法律制度——至少从瑞士的角度看来——的比较可以看出，市场经济体制的实践以及竞争法的构建具有多种可能性和多样性。竞争所蕴含的自由因子使得市场经济体制——尽管各有特色——成为了一个全世界的经济体制。其成功的基础毫无疑问在于其所带来的经济效率，市场经济体制相对于其他可能的和尝试过的经济体制所具有的优越性在这一点上得到了充分体现。随着时间的推移，国民经济的发展和效率导向，使得竞争法呈现了一定程度的国际协调，这一点至少已体现在不同国家或超国家竞争法律制度的目标设定上。相应地，我们可以认为，不仅如前所讨论的四个经济体，凡是实行市场经济体制的其他经济体，为实现消费者的最大利益，必尽力维持竞争之有效性，最终将此作为他们终极的共同目标[4]。此外，在实体法上也呈现了一定的协调趋势。这一点体现在竞争法的学成关系上：欧共同体竞争法学成于美国，瑞士竞争法学

[1] 瑞士的卡特尔法，至少在部分上，首先是属于民法范畴的，"卡特尔法的主要目标是保护个体得以自由进行经济活动"（Baldi/Grundlagen，第259页）。
[2] 《瑞士卡特尔法》第1条。
[3] Baldi/Grundfragen，第260页。
[4] 欧盟的竞争法近年在 Van Miert 和 Mario Monti 的领导下，全面认可了"竞争法应被用于保护消费者和竞争的过程，而不是竞争参与者"这一在美国已被践行多年的理念（参考 Kolasky，第2页）。

成于欧共体，就连官方一如既往标榜共产主义的中华人民共和国，其新生的竞争法在重要方面也是受欧共体之启发。

今日之世界，百国皆采竞争法制，皆可溯及百年回至美国。如前言所述，竞争法在全世界的认同端始于二战后的欧洲，并于近年在中国取得了令人瞩目的成绩。

中国《反垄断法》实施四周年回顾

前已述及，中国《反垄断法》的制定与出台，是经过激烈讨论与反复酝酿而得出的产物。中国《反垄断法》虽然仅有短短 57 项条文，但其自实施以来就一直十分活跃。在经营者集中控制领域，从 2008 年 8 月 1 日《反垄断法》生效以来到 2011 年底，商务部共审结集中反垄断申报案件 382 件。2011 年，商务部收到经营者集中反垄断申报 203 件，同比增长 49%。[1] 同其立法过程一样，《反垄断法》的实施过程并非风平浪静，一些反垄断执法和司法案件引起了社会的普遍关注和广泛议论。

本章将以案例分析的形式，以点代面，与您一同回顾《反垄断法》实施以来发生的引起社会普遍关注和广泛议论的几个经典案例，并借此分别阐述笔者对《反垄断法》中的五个重要问题（行政垄断、竞争政策中的国有企业、经营中合并、滥用市场支配地位、私人诉权）的看法。

---

[1] Information disclosed by Gao Hucheng , China International Trade Representative and Vice Commerce Minister, at the National Commercial Conference on Anti – monopoly 2012, hold on 12 January in Beijing, at http：//english. mofcom. gov. cn/aarticle/newsrelease/significantnews/201201/20120107931142. html. 商务部国际贸易谈判代表兼副部长高虎城日前在全国商务系统反垄断工作会议上的讲话。

行政垄断（《反垄断法》第 32、33 条）

[案情] [1]

2008 年 8 月 1 日，《反垄断法》实施的第一天，北京四家防伪企业将国家质检总局诉至北京市第一中级人民法院。这四家公司称国家质检总局在推广"中国产品质量电子监管网"的过程中，违反了《反不正当竞争法》和《反垄断法》，涉嫌行政垄断。

行政诉状称，从 2005 年 4 月开始，国家质检总局不断推广一家名为"中信国检信息技术有限公司"（以下简称"中信国检"）的企业经营的中国产品质量电子监管网（下称"电子监管网"）的经营业务，要求生产企业在所生产的产品的包装上加印监管码。消费者可通过短信、电话、上网等方式，向电子监管网查询监管码的有效性，从而确定所购产品是否是假冒的。为此，加入电子监管网的企业需缴纳数据维护费，消费者查询需支付查询信息费和电话费。

诉状认为，自 1996 年起，全国防伪行业都在普遍使用类似"电子监管网"的技术为生产企业提供产品防伪服务。国家质检总局将电子监管网的推广与中国名牌、免检产品等评选挂钩，并规定一些产品不赋码入网不得销售，实际上确立了电子监管网的经营者——中信国检的垄断地位。一些企业指出，国家质检总局信息中心是中信国检的股东之一，国家质检总局强力推行电子监管网的背后，可能掺杂商业利益。这几家提起诉讼的企业认为，国家质检总局的行为违反了《反不正当竞争法》和《反垄断法》中有关反行政性垄断的条款。

---

[1] 摘自"防伪企业诉国家质检总局行政垄断案"，载 http://cclp.sjtu.edu.cn/article/? NewsID=2820，略有改动。

北京市第一中级人民法院于 2008 年 9 月 4 日作出了裁定。法院认为，当事人向人民法院提起行政诉讼应当在法定期限内提出，本案起诉人兆信公司、惠科公司、网盟公司、恒信公司起诉超过了法定起诉期限，依据《中华人民共和国行政诉讼法》第 58 条、最高人民法院《关于执行〈中华人民共和国行政诉讼法〉若干问题的解释》第 41 条第 1 款的规定，裁定不予受理。

　　[评析]

关于是否应将反行政垄断纳入《反垄断法》内，曾存在赞同和反对两种意见。立法者最终采纳了前一种意见，《反垄断法》第 32 条和第 33 条对行政垄断行为进行了规制。

其实，早在《反垄断法》颁布之前，就已经有一些法律法规、部门规章对行政垄断做出了规定。其中，1993 年制定的《反不正当竞争法》第 7 条规定："政府及其所属部门不得滥用行政权力，限定他人购买其指定的经营者的商品，限制其他经营者正当的经营活动。政府及其所属部门不得滥用行政权力，限制外地商品进入本地市场，或者本地商品流向外地市场。"《产品质量法》第 9 条和第 11 条分别规定："各级人民政府工作人员和其他国家机关工作人员不得滥用职权、玩忽职守或者徇私舞弊，包庇、放纵本地区、本系统发生的产品生产、销售中违反本法规定的行为，或者阻挠、干预依法对产品生产、销售中违反本法规定的行为进行查处。""各级地方人民政府和其他国家机关有包庇、放纵产品生产、销售中违反本法规定的行为的，依法追究其主要负责人的法律责任。"

《价格法》从价格角度阐述行政垄断行为。第 23 条规定，制定关系群众切身利益的公用事业价格、公益性服务价格、自然垄断经营的商品价格等政府指导价、政府定价，应当建立听证会制度。第 45 条规定，地方各级人民政府或者各级人民政府有关部门违反本法规定，擅自制定、调整价格时如何处理问题。

《招标投标法》对行政机关在招标投标活动中的非法限制行为进行了规定。第 6 条规定，任何单位和个人不得违法限制或者排斥本地区、本系统以外的法人或者其他组织参加投标，不得以任何方式非法干涉招标投标活动。第 63 条规定了对非法行为的行政处罚。

除了上述法律外，中国国家工商行政管理总局还于 2010 年 12 月 31 日发布了《工商行政管理机关制止滥用行政权力排除、限制竞争行为的规定》。

诚如所言，规制行政垄断已经成为中国《反垄断法》的一项重要课题和其实施中的重要挑战。在《反垄断法》中专章规定"行政垄断"本身就是立法的一大进步。然而，回归现实，我们必须承认行政垄断在中国仍普遍存在。我们不禁要问，为什么尽管存在众多规制行政垄断的法律法规，行政垄断行为在中国却仍然如此坚挺？难道中国的《反垄断法》在行政垄断行为面前只是没有牙齿的纸老虎（Papiertiger）吗？

一些学者的研究认为，中国行政垄断存在的原因在于以下几点：

其一，行政垄断产生于中国从计划、集中经济体制向市场经济的转型过程中。在实行改革开放政策以前，中国施行的是高度集中的计划经济体制，政府控制渗透于国民经济的方方面面。1979 年以来，政府减少了对大多数领域的控制，竞争被引入，市场经济逐渐成形。然而，政府垄断依旧以行业管理和维护市场秩序的理由在某些领域存在着。政府不仅是游戏规则的制定者，同时也是参与其中的运动员和执法的裁判员。政府如此同时扮演三种角色，行政垄断的存在便不难理解了。[1]

其二，从 1994 年实行分税制后，中国中央政府与地方政府的财政收支状况与分税制前相比呈反向剪刀状，地方政府财政收入占全国财政总收入的比例逐渐减少，财力上移。但同时地方财政支出占全国财政总支出比例不断增大，造成地方政府的财权与事权不对称。[2] 这种情形之下，地方政府必然转向另一种约束激励机制扩大财源，使得地方保护主义有了直接的经济动机。[3]

其三，干部任命和升迁机制。在中国的经济改革进程中，中央政府一直将经济发展视为第一要务。在这一原则的指引下，中央政府和地方行政机关过度倾向于将政绩评价与经济发展挂钩。于是，干部为了获得更好的晋升机会，便将追求其治理下的 GDP 增长为唯一目标。[4]

其四，对行政垄断的法律责任规定不足。《反垄断法》第51 条规定，行政机关和法律、法规授权的具有管理公共事务职能的组织滥用行政权力，实施排除、限制竞争行为的，由上级机关责令改正；对直接负责的主管人员和其他直接责任人员依法给予处分。反垄断执法机构可以向有关上级机关提出依法处理的建议。这意味着：第一，对于行政垄断行为，如果行政机

---

〔1〕 Yong Guo, Angang Hu: "The Administrative Monopoly in China's Economic Transition", in Pages 270, *Communist and Post - Communist Studies*, Volume 37, Issue 2, June 2004.

〔2〕 黄勇、邓志松："论规制行政垄断的我国反垄断法特色——兼论行政垄断的政治与经济体制根源"，载《法学杂志》2010 年第 7 期，第 51 页。

〔3〕 黄勇、邓志松："论规制行政垄断的我国反垄断法特色——兼论行政垄断的政治与经济体制根源"，载《法学杂志》2010 年第 7 期，第 51 页。

〔4〕 Changqi Wu, Zhicheng Liu: "A TigerWithout Teeth? Regulation of Administrative Monopoly Under China's Anti - Monopoly Law", in *Review of Industrial Organization*, 28 March 2012, p. 137.

关和法律、法规授权的具有管理公共事务职能的组织实施垄断违法行为，只是由上级行政机关责令改正，而在这种情况下，上级机关既非专门的反垄断执法机关，缺乏相应专业知识，而且出于利益冲突的原因很难保持中立。第二，反垄断执法机构只有处理建议权，只能向实施违法行为的上级机关提出依法处理的建议。第三，上级机关能否认真对待反垄断执法机构提出的建议，殊值疑问。

对上述原因进行深入分析，我们可以发现，行政垄断与中国的政治经济体制特点密不可分，中国的行政机关更容易和更倾向于直接干预微观的市场经济运行。四家防伪企业状告国家质检总局一案在加强行政监督，促进政府依法行政方面所起的作用不可忽视。中国的领导人已经意识到，一个消除内部壁垒、存在自由竞争的内部市场（如欧盟、美国）方可获得成功，才能创造更大的社会财富，让普通民众从市场中获得最大化的利益。

竞争政策中的国有企业（《反垄断法》第7条）

［案情］[1]

2011 年 11 月 9 日，中央电视电视台《新闻30分》节目曝出国家发改委价格监督检查与反垄断局正在对中国电信和中国联通进行价格反垄断调查。发改委价格监督检查与反垄断局副局长李青称，2011 年上半年，发改委接到举报后，立刻展开对中国电信、中国联通涉嫌价格垄断案的调查。调查的主要内容是，中国电信、中国联通在宽带接入及网间结算领域是否利用自身具有的市场支配地位阻碍影响其他经营者进入市场等行为。李

---

〔1〕 摘自"对'中国电信与联通反垄断调查案'的若干问题分析"，载http://wenku. baidu. com/view/2f806dc38bd63186bcebbc4e. html.

青表示，在目前国内互联网接入市场上，中国电信和中国联通合并已经占有超过三分之二的市场份额，从这个层面上可以断定他们具有市场支配地位。如果他们利用这种优势对跟自己有竞争关系的竞争对手开出高价，而没有竞争关系的企业却给出优惠价，这就是涉嫌违反《反垄断法》里面禁止的价格歧视。

根据业内人士反映，作为具有主导地位的网络运营商，电信和联通在宽带接入市场大量采取排挤对手的竞争手段已是常事，这无疑会阻碍市场的健康、有序发展，早已引发市场不满。更有内部人士透露，电信、联通长期的以"同一种产品，三种用户、三种价格"策略来进行价格歧视行为。两家公司给作为竞争对手的、处于弱势地位的运营商网间流量结算价格超过 100 万元/G/月，而增值服务提供商的结算价格则只有 10 万 ~30 万元/G/月，到了内容服务提供商，就仅为 3 万 ~10 万元/G/月，三种用户之间的差异巨大，显然有失公平。面对此困境，其他运营商为了规避高额费用，几乎都采用穿透接入的方式进行流量结算，就是不会直接用自身的名义去跟电信、联通进行交易，而是通过第三方购买便宜的流量，然后借为己用，用来发展自身固网业务。这种取巧的方法就在于偷换概念，相当于换个身份跟电信、联通打交道。但显然，这让电信、联通通过价格歧视政策获取的巨额利益流于无形，故去年 8 月，中国电信下发文件全面禁止小运营商的穿透流量接入。一石激起千层浪，此举导致铁通等运营商损失惨重。以当时的重灾区广东铁通为例，据统计，在电信清查开始不到一个月的时间内，铁通宽带用户申诉达 37 477 件，越级投诉 39 件，37 443 户没有缴费，28 210 户面临退网。正是此次大范围的断网事件引起了监管层的注意，接着就有了现在的反垄断调查。

据了解，针对宽带接入问题对中国电信和中国联通这两家国营电信巨头展开的反垄断调查，如果事实成立，两企业将被处以巨额罚款。这是《中国反垄断法》2008 年启动以来首次针对大型央企展开调查。网民希望央企垄断电信的格局能够扭转，降低民众的上网费用。业界普遍认为，发改委拿电信和联通"开刀"，将对两家公司形成震慑作用，将最终推动普通用户的上网费用大幅下降。据有关部门初步估算，如果能推动市场形成有效竞争，未来五年可以促使上网价格下降 27% 至 38%，至少可为消费者节约上网费用 100 亿至 150 亿元。针对国家发改委对中国电信和中国联通宽带市场的反垄断调查一事，两大运营商于 2011 年 12 月 2 日发布声明，称已进行了全面的自查，并向发改委提交了宽带整改方案和中止调查申请。

11 月 10 日，中国联通集团公司就反垄断调查一事发表公告，称将积极配合发改委等监管机构的反垄断调查，提供互联网服务提供商出租宽带业务的价格、数量及营业额等相关信息。中国电信集团公司相关负责人表示，中国电信作为中央重点企业，一直遵守各项法律法规经营宽带业务，对于发改委等监管机构的反垄断调查，中国电信将积极配合。12 月 2 日，中国电信、中国联通同时在其官网发表声明称，已向国家发展改革委员会提交中止反垄断调查的申请，并承认企业在互联互通及价格上存在不合理行为，同时承诺整改，将提升网速并降低宽带资费。电信和联通随后承诺，将进一步规范互联网专线接入资费管理；实现充分互联互通。电信还表示，将梳理现有协议，适当降低资费标准。此外，还将尽快与联通、铁通等骨干网运营商进行扩容。由于电信和联通在宽带接入领域内的垄断造成用户市场资费难以下降的问题，两家公司也在声明中承诺，在"十二五"期间，将大幅提升光纤接入普及率和宽带接入速率。电信还拿出了具体的实施时间表，"五年内公众用户上网单位带宽价格下降 35％ 左右，并立即着手实施"。

　　［评析］

　　通常而言，作为一国的"经济宪法"和"自由企业大宪章"的反垄断法应平等适用于各类经济活动的主体，并不会给国有企业提供特殊待遇，这在大多数国家或地区的反垄断立法和实践中都能获得例证。

　　《欧共体条约》第 86 条第 1 款明确规定，"成员国不得对国有企业以及享有特权或专有权的企业采取背离或者保留本条约，特别是条约第 12 条以及第 81 条至第 89 条的任何措施"。这款立法的核心内涵在于，在欧共体内，国有企业在参与市场交易时应当适用一般的竞争规则，应当受到欧共体竞争法的规制。

　　德国《反限制竞争法》第 130 条第 1 款也明确规定，"本法亦适用于全部或者部分所有权属于国家的或由国家管理或者经营的企业……"同时，该法第 19 条至第 23 条规定，如果国有企业享有市场支配地位，它不得滥用其市场支配地位。

　　回归中国《反垄断法》中的相关条文，其中第 7 条第 1 款规定："国民经济占控制地位的关系国民经济命脉和国家安全的行业以及依法实行专营专卖的行业，国家对其经营者的合法经营活动予以保护，并对经营者的经营行为及其商品和服务的价格依法实施监管和调控，维护消费者利益，促进技术进步。"同条第 2 款规定："前款规定行业的经营者应当依法经营，诚实守信，严格自律，接受社会公众的监督，不得利用其控制地位或者专营专卖地位损害消费者利益。""在《反垄断法》的立法过程中，在修订审查过程中，该法的草稿就征求过各界的意见，包括国有企业和行业主管部门。国有企业和一些政府部门对这部法的反映是特别强烈的。他们特别质疑关于反对行政垄断的内容并要求加上国有企业豁免、政府主管部门监管本部门的垄断行为等内容。第7条的内容在当时立法组拿出草稿的时候没有，国务院提交人大讨论的稿子中也没有，人大常委会审议中一读、二读都没有这个内容。可是该法公布时增加了一个第7条，社会上一片哗然。"[1] 乍一看第7条第1款的条文，似乎《反垄断法》对国有企业予以特别保护，甚至得出结论认为该法对国有企业是豁免的。

其实，当我们抛却偏见，以客观公正的态度，将第7条第1款与第2款联系起来进行解读，便能得出相反的结论，《反垄断法》固然对国有企业予以特殊保护，但并没有将国企排除在其管辖范围内。一些国有企业因为历史和体制性原因在市场中占据垄断地位，但现代反垄断法并不反对垄断地位，而是反对利用垄断地位进行限制竞争的行为。因此，一旦垄断国企不遵守市场规则，滥用其控制地位，排除或者限制竞争，同样要纳入《反垄断法》的规制范围，《反垄断法》第7条第2款已经很清楚的表达了这一层意思。

既然不存在法律上的障碍，反垄断执法机关便无法对国有企业的垄断行为视而不见。本案作为《反垄断法》出台3年之后首次剑指国企的案例，在中国反垄断事业中仍具有里程碑意义。虽然本案最终以承诺整改和解结案（《反垄断法》第45条第1款）[2]，但它起到的警示作用是清晰有力的。发改委高调宣布对中国电信和中国联通进行反垄断调查，实质上也在传递某种信号，即《反垄断法》这部利器要真正地对国企发挥作用，

---

〔1〕 盛杰民："《反垄断法》第七条不是国企实施垄断行为的保护伞"载 www. hongfan. org. cn/file/upload/2012/02/28/1331393187. pdf.

〔2〕《反垄断法》第45条第1款："对反垄断执法机构调查的涉嫌垄断行为，被调查的经营者承诺在反垄断执法机构认可的期限内采取具体措施消除该行为后果的，反垄断执法机构可以决定中止调查。中止调查的决定应当载明被调查的经营者承诺的具体内容"。

并不能因为你身份特殊就可以对你网开一面。国有企业不能再利用自己的特殊优势，一味追求利润，而必须在《反垄断法》的框架内，尊重并合理参与市场竞争。接下来，值得关注的是，涉案的中国电信、中国联通能否履行其承诺，发改委应对两家公司承诺的情况进行监督，如果发现两家运营商没能履行承诺，发改委有权重新启动调查。[1]

经营者集中（《反垄断法》第 4 章）

［案情］[2]

可口可乐是全球最大的饮料公司，汇源果汁是国内最大的果汁饮料生产集团，并于 2007 年 2 月在香港联交所主板挂牌上市。2008 年 9 月 3 日上午，香港联交所发布公告：可口可乐旗下的荷银亚洲将代表可口可乐全资附属公司大西洋公司，就收购汇源果汁全部股份、全部未行使可换股债券并注销汇源全部未行使购股权，提出自愿有条件现金收购建议。按照公告，这单涉及金额 24 亿美元的交易若能完成，将成为迄今为止中国食品和饮料行业最大的一笔收购案。

根据 2008 年 8 月 1 日公布施行的《国务院关于经营者集中申报标准的规定》，如果外资企业并购香港上市的内地企业，满足以下两个条件之一即达到申请商务部反垄断审查的标准：即

---

［1］《反垄断法》第 4 条第 2、3 款："反垄断执法机构决定中止调查的，应当对经营者履行承诺的情况进行监督。经营者履行承诺的，反垄断执法机构可以决定终止调查。

有下列情形之一的，反垄断执法机构应当恢复调查：

（一）经营者未履行承诺的；

（二）作出中止调查决定所依据的事实发生重大变化的；

（三）中止调查的决定是基于经营者提供的不完整或者不真实的信息作出的。"

［2］摘自"《反垄断法》可口可乐并购汇源案情介绍"，载 http://www.docin.com/p－55120328.html，略有改动。

双方上一年在全球范围内的营业额合计超过 100 亿元人民币，并且双方当年在中国境内的营业额均超过 4 亿元人民币；或者双方上一年在中国境内的营业额合计超过 20 亿元人民币，并且双方当年在中国境内的营业额均超过 4 亿元人民币。根据《反垄断法》规定经营者集中达到国务院规定的申报标准的，经营者应当事先向国务院反垄断执法机构申报，未申报的不得实施集中。很显然，可口可乐对汇源果汁的收购行为，已经达到并且远远超过了上述规定所要求的标准。能不能通过反垄断审查，事实上已成为这起天价收购案最终成交与否的决定性因素。2008 年 9 月 18 日，商务部收到可口可乐公司收购中国汇源公司的经营者集中反垄断申报材料。经申报方补充，申报材料达到了《反垄断法》第 23 条规定的要求，11 月 20 日商务部对此项集中予以立案审查，12 月 20 日决定在初步审查基础上实施进一步审查。商务部依据《反垄断法》的相关规定，从市场份额及市场控制力、市场集中度、集中对市场进入和技术进步的影响、集中对消费者和其他有关经营者的影响及品牌对果汁饮料市场竞争产生的影响等几个方面对此项集中进行了审查。审查工作严格遵循相关法律法规的规定。审查过程中，充分听取了有关方面的意见。经审查，商务部认定：此项集中将对竞争产生不利影响。集中完成后可口可乐公司可能利用其在碳酸软饮料市场的支配地位，搭售、捆绑销售果汁饮料，或者设定其他排他性的交易条件，集中限制果汁饮料市场竞争，导致消费者被迫接受更高价格、更少种类的产品；同时，由于既有品牌对市场进入的限制作用，潜在竞争难以消除该等限制竞争效果；此外，集中还挤压了国内中小型果汁企业的生存空间，给中国果汁饮料市场竞争格局造成不良影响。为了减少集中对竞争产生的不利影响，商务部与可口可乐公司就附加限制性条件进行了商谈，要求申报方提出可行的解决方案。可口可乐公司对商务部提出的问题表述了自己的意见，提出初步解决方案及其修改方案。经过评估，商务部认为修改方案仍不能有效减少此项集中对竞争产生的不利影响。据此，商务部于 2009 年 3 月 18 日在其网站上正式发布公告，表明其已依据《反垄断法》第 28 条做出禁止此项集中的决定。最终可口可乐因没能通过商务部反垄断审查而不得不放弃对汇源果汁的并购计划。

[评析]

商务部作为经营者集中反垄断审查的执法机构，负责受理和审查经营者集中申报。截至 2012 年 8 月 1 日，商务部累计审查逾 450 起交易，其中 95% 以上的交易获得无条件批准，附条件批准 14 起，禁止 1 起（可口可乐收购汇源案）。[1]

"可口可乐收购汇源案"作为中国《反垄断法》实施 4 年来唯一一起被禁止的交易，曾在中国国内及海外引起重大关注。可口可乐和汇源作为并购交易的当事方，一为世界知名的饮料巨头，一为中国民族品牌的行业翘楚，这则并购案再次触动了外资并购中国企业的敏感神经。一项"可口可乐收购汇源"的网上调查显示，在 76 009 人参加的网上调查中，反对收购的人数共 62 487 人，达到了 82.21%。赞同的占 12.62%，其他人则表示不好说。83.27% 的网友认为这项收购涉嫌外资消灭民族支柱企业。[2]

而在商务部做出禁止集中的决定后，美国《华尔街日报》、

---

〔1〕 Susan Ning, Hazel Yin："China's Anti - Monopoly Law: Retrospect and Prospect on the Fourth Anniversary", in http://www.chinalawinsight.com/2012/08/articles/corporate/antitrust - competition/chinas - antimonopoly - law - retrospect - and - prospect - on - the - fourth - anniversary/.

〔2〕 "汇源'出嫁'：民族品牌之殇？"：载新华网 http://news.xinhuanet.com/fortune/2008 - 09/17/content_ 10049096. htm.

路透社等各大财经媒体几乎众口一词地认为，此举是出于产业政策和贸易保护主义的考虑。而中国商务部和外交部先后表态不接受这种指责。

　　作为一名法律职业者，我更愿意从法律专业的角度审视"可口可乐收购汇源案"。根据《反垄断法》第27条，审查经营者集中应当考虑参与集中的经营者在相关市场的市场份额及其对市场的控制力，相关市场的市场集中度，经营者集中对市场进入、技术进步的影响，经营者集中对消费者和其他有关经营者的影响，经营者集中对国民经济发展的影响。商务部从《反垄断法》第27条出发，得出以下几点主要内容〔1〕：1. 集中完成后，可口可乐公司有能力将其在碳酸软饮料市场上的支配地位传导到果汁饮料市场，对现有果汁饮料企业产生排除、限制竞争效果，进而损害饮料消费者的合法权益。2. 品牌是影响饮料市场有效竞争的关键因素，集中完成后，可口可乐公司通过控制"美汁源"和"汇源"两个知名果汁品牌，对果汁市场控制力将明显增强，加之其在碳酸饮料市场已有的支配地位以及相应的传导效应，集中将使潜在竞争对手进入果汁饮料市场的障碍明显提高。3. 集中挤压了国内中小型果汁企业生存空间，抑制了国内企业在果汁饮料市场参与竞争和自主创新的能力，给中国果汁饮料市场有效竞争格局造成不良影响，不利于中国果汁行业的持续健康发展。商务部得出该项集中具有排除、限制竞争的效果，而且可口可乐无法证明该项集中交易对竞争产生的有利影响明显大于不利影响，也未能证明该交易"符合社会公共利益"，中国商务部做出禁止集中的决定自然无可非议。

---

　　〔1〕 "中华人民共和国商务部公告〔2009〕第22号（商务部关于禁止可口可乐公司收购中国汇源公司审查决定的公告）"：载 http://fldj. mofcom. gov. cn/aarticle/ztxx/200903/20090306108494. html.

问题的关键在于，商务部提出的三点理由，即两个传导效应、一个挤压效应是否在现实上成立。与瑞士或者欧盟竞争执法机构发布的上百页审查决定报告不同，商务部就"可口可乐收购汇源"案发布的禁止并购决定只有短短一页，人们无法从审查决定报告中看到令人信服的数据和经济分析方法，于是难免产生怀疑，这些理由会不会是商务部为禁止该项并购而主观臆断出来的。法的安定性对于一个企业而言至关重要，它有权知道什么是被法律允许的，什么是被法律禁止的。就本案而言，涉案企业以及普通大众有权知道商务部做出禁止决定背后的想法及理由。而且，只有更加清楚地阐述其理由，商务部才能杜绝贸易保护主义的揣测，才能更好地应对来自更方面的批评声音。

反垄断审查具有极强的专业性，为了更好的维护执法的公信力，反垄断执法的程序必须做到公开化、规范化和透明化。《反垄断法》的准确适用，需要一个客观的和中立的程序方面的规定，徒《反垄断法》不足以自行，相关的条例和细则尚有待完善。

值得注意的是，商务部制定的《经营者集中申报办法》和《经营者集中审查办法》两项部门规章已同时于2010年1月1日起正式施行。其中《经营者集中申报办法》对经营者集中的类型、营业额的计算、申报文件资料、文件资料的形式要求和文件资料的核查和补充、立案时间进行了规定。《经营者集中审查办法》规定了商务部在经营者集中审查过程的适用程序，并对相关参与方在该过程所享有的权利、经营者集中救济措施等方面进行了详细的规定，如收集证据的方式、申报撤回、申辩与听证、限制性条件等内容。此后，《关于评估经营者集中竞争影响的暂行规定》亦于2011年9月5日起施行，该规定详细列明了商务部在做出实质性审查时应考虑的因素，其中包含了一些与欧盟及其他地区竞争执法机关相近的理念，（市场份额、采用赫芬达尔－赫希曼指数以衡量市场集中度、相关市场准入壁垒、经营者的生产能力等）。同时，它还规定了一些可能的正当化事由，如集中公共利益的影响、集中对经济效率的影响、参与集中的经营者是否为濒临破产的企业、是否存在抵消性买方力量等因素。[1] 令人期待的是，商务部目前正在建立"快轨"审查机制。一旦正式出台，其将简化并加快明显不会产生竞争关注案件的审查过程。[2]

中国的《反垄断法》只有短短四年的历史，中国反垄断的执法现在当然还是初期执法，它的初期执法还面临着很多的问题，面临很多的挑战。如今，中国已经跃居为世界第二大经济体，一项大的跨国并购无可避免地要向中国商务部申报，我们期待中国能不断完善其经营者集中审查机制，使其与中国的经济大国地位相符。

滥用市场支配地位（《反垄断法》第 3 章）

[案情][3]

腾讯和奇虎 360 是中国国内的两间大型软件公司。两家公司间的交恶历史可追溯到 2010 年 9 月。当时，奇虎 360 炮轰腾讯 QQ 偷窥用户电脑内的隐私文件，推出 360 "隐私保护器"供

---

[1] "Comparative Law in China", in *Slaughter and May*, October 2011, P10, at http://www.slaughterandmay.com/media/879862/competition－law－in－china.pdf.

[2] 宁宣凤、尹冉冉，金杜律师事务所反垄断组："中国反垄断法实施四周年回顾与展望"，at http://www.competitionlaw.cn/show.aspx? id=6453&cid=5.

[3] "3Q 再燃战火 腾讯涉嫌垄断"，at http://www.chinaipmagazine.com/journal－show.asp? id=1274；"3Q 反垄断纠纷的素描"，at http://www.chinaipmagazine.com/journal－show.asp? id=1310.

用户下载。同年 11 月，腾讯以"一个艰难的选择"为题向 QQ 用户发表公开信，要求用户在 QQ 软件和 360 软件之间二选一，双方战火开始殃及池鱼。在此后的几个月中，腾讯和奇虎 360 开始了"明目张胆"的对抗。2011 年 4 月 26 日，"腾讯起诉 360 隐私保护器不正当竞争"一案在北京市朝阳区人民法院宣判，判令奇虎等三个被告停止发行使用涉案 360 隐私保护器，连续 30 日公开消除因侵权行为对腾讯造成的不利影响，赔偿 40 万元，并在 360 网站上删除相关侵权言论。

2011 年 9 月，继首次开战后，腾讯再次向 360 宣战，并且将赔偿金额上升至 1.25 亿元。腾讯公司宣布，腾讯不仅要求停止开发、传播"360 扣扣保镖"及相关软件，更要求 360 赔偿经济损失 1.25 亿元人民币，同时连续三个月在其网站 360.cn、360.com 首页显著位置、新浪网站、《法制日报》等媒介显著位置就其不正当竞争行为向腾讯赔礼道歉，消除影响。在腾讯的起诉书中表示："被告（360）的上述不正当竞争行为减少了原告（腾讯）的增值业务交易机会和广告收入，给原告造成了无法估量的损失，亦导致用户不能再享受优质、安全、有效的即时通讯服务，最终损害用户的利益。原告主张 1.25 亿元的赔偿金额并不为过。"

2012 年 4 月，奇虎公司诉腾讯公司滥用市场支配地位索赔 1.5 亿元案于 4 月 18 日在广东省高院一审开庭。本案中，奇虎诉腾讯的法律依据是《反垄断法》第 6 条和第 17 至第 19 条，双方纠纷的焦点集中在腾讯是否滥用市场支配地位，排除、限制竞争。作为证明被告滥用市场支配地位的前提，奇虎首先还必须证明腾讯在特定市场范围具有支配地位。腾讯强势的即时通讯产品/服务市场是本案所争议的相关市场，而即时通讯的范围到底有多大又成为双方反复拉锯的热点。

［分析］

本案的焦点在于对腾讯公司是否具有市场支配地位的判断。而判断市场支配地位的前提在于认定相关市场。国务院反垄断委员会（以下简称"委员会"）于 2009 年 7 月 7 日颁布了其设立以来的第一部反垄断指南：《关于相关市场界定的指南》（以下简称《指南》）。根据指南第 3 条的规定，在反垄断执法实践中，通常需要界定相关商品市场和相关地域市场。其中，相关商品市场是根据商品的特性、用途及价格等因素，由需求者认为具有较为紧密替代关系的一组或一类商品所构成的市场。而相关地域市场是指与需求者获取具有较为紧密替代关系的商品的地理区域。此外，该《指南》还特别强调在一定情形下，应考虑时间性和技术创新等相关问题。根据《指南》，界定相关市场将主要依据替代性分析。具体而言，在反垄断执法实践中，界定相关市场需首先考虑需求的替代性，即从消费者的角度考虑和认定相关商品及其紧密替代商品的范围。此外，如供给替代对经营者行为产生的竞争约束类似于需求替代时，也应同时考虑供给替代。

就需求替代而言，《指南》规定根据需求者对商品功能用途的需求、质量的认可、价格的接受以及获取的难易程度等因素，从需求者的角度确定不同商品之间的替代程度。而对供给替代进行分析，《指南》规定根据其他经营者改造生产设施的投入、承担的风险、进入目标市场的时间等因素，从经营者的角度确定不同商品之间的替代程度。至于界定相关市场的方法，《指南》强调界定相关市场的方法不是唯一的。除了需求替代分析及必要时的供给替代分析之外，还可在经营者竞争的市场范围不够清晰或不易确定时，按照"假定垄断者测试"的分析思路，借助经济学分析法来界定相关市场。"假定垄断者测试"及"SSNIP

界定法"[1]，现已为各国制定法垄断指南普遍采用。[2]根据
该方法，相关商品市场将进行如下界定：首先假设存在着一个以
利润最大化为目标的垄断者（以下简称"假定垄断者"），设想
在其他商品的销售条件保持不变的情况下，假定垄断者将其所有
供给商品的价格小幅（如5%~10%）提高，如果在这种情况下
一年之内有足够多的消费者转向其他商品市场，那么假定垄断者
就不能从涨价中获利，原先作为起点分析的商品市场将扩大到消
费者拟转向的目标商品市场。由于商品集合越来越大，集合内商
品与集合外商品的替代性越来越小，所以最终会出现某一商品市
场，在这个商品市场里，假定垄断者可以通过涨价实现盈利，由
此界定出相关商品市场。相关地域市场的界定也采取相同的
思路。

　　《关于相关市场界定的指南》中关于相关市场的界定，效仿
美国和欧盟的做法，采纳 SSNIP 测试法，再次展现了中国反垄
断执法者与国际接轨的决心。然而对相关市场的判断意义重大，
由于立法者对于滥用市场支配地位的处罚十分严苛[3]，因此相
关市场的界定必须慎之又慎。目前，中国相关数据的收集和提
取并未如美国或欧盟等地方一般完善，因而存在进一步改善的
空间。

---

　　[1] SSNIP 意为 "Small but Significant Non-transitory Increase in Price"，价格上
涨的幅度通常为 5% 到 10%。

　　[2] 如 1992 年美国司法部和联邦贸易委员会联合颁布的《1992 年横向合并准
则》，1997 年欧盟委员会《关于为欧洲共同竞争法界定相关市场的委员会通知》
(Bekanntmachung der Kommission über dieDefinition des relevanten Marktes)，以及 1999
年英国公平贸易局《市场界定指引》。

　　[3]《反垄断法》第47条"经营者违反本法规定，滥用市场支配地位的，由
反垄断执法机构责令停止违法行为，没收违法所得，并处上一年度销售额百分之一
以上百分之十以下的罚款。"

私人诉权（《反垄断法》第50条）

中国《反垄断法》第50条规定："经营者实施垄断行为，给他人造成损失的，依法承担民事责任。"该规定是对私人诉权的明确承认。据统计，截至2011年底，中国地方法院共受理垄断民事一审案件61件，审结53件。[1]从原告胜诉率上看，原告在垄断纠纷案件中胜诉率较低，在审结案件中原告胜诉的案件较少。[2]

反垄断私人诉讼源自美国。在美国，80%以上的反垄断法实施程序为司法程序。而在瑞士或者欧盟，司法程序在反垄断执法中的作用十分有限，因为原告需要承担极大的证明责任且司法程序耗费巨大，反垄断私人诉讼的案例在瑞士十分罕见。在瑞士，反垄断实施程序中真正具有决定意义的是行政执法程序。

在反垄断法领域，中国采取的是欧盟法模式。同样，反垄断私人诉讼在中国也面临着诸多困难，在少量的私人诉讼案例中，除了极少数的以和解结案的情况外，至少尚未有原告胜诉的案例。制约私人诉讼发挥作用的因素较多，如原告资格难以认定、公法私人实施的观念障碍等。然而，制约反垄断私人诉讼的最大瓶颈在于原告举证的困难。根据中国《民事诉讼法》第64条的规定，反垄断诉讼的原告必须对自己提出的主张承担证明责任。而反垄断案件不同于一般的合同纠纷或者侵权案件，

〔1〕 最高人民法院新闻发言人 孙军工："最高人民法院《关于审理因垄断行为引发的民事纠纷案件应用法律若干问题的规定》的新闻发布稿"，载 http://www.dffy.com/fazhixinwen/lifa/201205/28701.html.

〔2〕 最高人民法院新闻发言人 孙军工："最高人民法院《关于审理因垄断行为引发的民事纠纷案件应用法律若干问题的规定》的新闻发布稿"，载 http://www.dffy.com/fazhixinwen/lifa/201205/28701.html.

私人要提供被告已经具有"市场支配地位"、"滥用了市场支配地位"、"签订了垄断协议"、"原告因垄断行为而遭受的损失"之类事实的证据几乎是难以完成的任务。这意味着私人当事人提起反垄断诉讼几乎没有成功的希望。在希望渺茫的情况下，私人没有提起反垄断诉讼的动力也就合情合理了。

2012 年 5 月 8 日，中华人民共和国最高人民法院对外公布了《关于审理因垄断行为引发的民事纠纷案件应用法律若干问题的规定》，该司法解释主要从诉讼主体、管辖、举证责任、损害赔偿以及诉讼时效等五个方面，明确了反垄断民事诉讼中原被告的诉讼权利和义务：

第一，反垄断民事诉讼的原告包括所有垄断行为的自然人、法人或其他组织。无论是经营者还是消费者，只要因垄断行为受到损失，都可以提起民事诉讼。此外，原告既可直接向法院提起民事诉讼，也可在反垄断执法机构认定构成垄断行为的处理决定发生法律效力后向法院提起民事诉讼。只要符合法律规定的受理条件，法院均应当受理。也就是说，反垄断民事诉讼不需要以行政执法程序前置为条件。

第二，鉴于反垄断民事诉讼的专业性和复杂性，其级别管辖比照知识产权案件设置，一般由中级法院作为一审法院。另外，涉及垄断协议的案件，由被告住所地或者垄断协议履行地法院管辖；其他反垄断案件由垄断行为地或被告住所地法院管辖。

第三，考虑到反垄断民事诉讼中的原告为私人个体，缺乏反垄断执法机构的行政调查权，《解释》设置了两个可反驳的推定，以减轻原告"取证难"的问题。其一，推定公用企业或者其他依法具有独占地位的经营者具有市场支配地位；其二，可以以被告对外发布的信息推定其具有市场支配地位。推定成立后，由被告举证反驳。另外，《解释》允许原被告聘请"专家证人"，就案件的专门性问题进行解释说明。

第四，关于垄断行为的损害赔偿，《解释》没有采取美国的"三倍赔偿"原则，而选择了"赔偿实际损失"。但是考虑到反垄断调查可能触发的高额费用，《解释》规定，根据原告的请求，人民法院可以将原告因调查、制止垄断行为所支付的合理开支计入损失赔偿范围。

第五，反垄断民事诉讼的诉讼时效为两年，自原告知道或者应当知道其权益受侵害之时起计算。超过诉讼时效，原告丧失诉权。

《关于审理因垄断行为引发的民事纠纷案件应用法律若干问题的规定》虽然解决了起诉、管辖、举证等基本问题，但反垄断诉讼往往耗时很长，个人进行诉讼的话，代价太大，成本太高。在这种情形下，美国的集团诉讼模式可以降低个人诉讼成本，分散诉讼风险并产生巨大的威慑力。目前，欧盟正在尝试制定新的规定以引进集团诉讼，并避免集团诉讼的负面影响，此做法或许可供中国学习与借鉴。

附录　竞争法律法规

美国

1890 年《谢尔曼法》[1]

第一条　任何契约、以托拉斯形式或其它形式的联合、共谋，用来限制州际间或与外国之间的贸易或商业，是非法的。任何人签订上述契约或从事上述联合或共谋，是严重犯罪。如果参与人是公司，将处以 100 万美元的罚款。如果参与人是个人，将处以不超过 100 万美元的罚款；如果参与人是个人，将处以 10 万美元以下罚款，或三年以下监禁。或由法院酌情并用两种处罚。

第二条　任何人垄断或企图垄断，或与他人联合、共谋垄断州际间或与外国间的商业和贸易，是严重犯罪。如果参与人是公司，将处以不超过 100 万美元以下罚款；如果参与人是个人，将处以不超过 10 万美元以下的罚款，或三年以下监禁。也可由法院酌情并用两种处罚。

---

〔1〕　本译文转自中国竞争法网，见 http://www.competitionlaw.cn/show.aspx? id = 437&cid = 31，英文原本" The Sherman Antitrust Act（1890）"，见 http:// www.stolaf.edu/people/becker/antitrust/statutes/sherman.html.

第三条 任何契约、以托拉斯形式或其它形式的联合、共谋、用来限制美国准州内、哥伦比亚区内，准州之间、准州与各州之间、准州与哥伦比亚区之间，哥伦比亚区同各州间，准州、州、哥伦比亚区与外国间的贸易或商业是非法的。任何人签订上述契约或从事上述联合或共谋，是严重犯罪。如果参与人是公司，将处以不超过 100 万美元的罚款；如果参与人是个人，将处以 10 万美元以下的罚款，或三年以下监禁，或由法院酌情两种处罚并用。

第四条 授权美国区法院司法管辖权，以防止、限制违反本法；各区的检察官，依司法部长的指示，在其各自区内提起衡平诉讼，以防止和限制违反本法行为。起诉可以诉状形式，要求禁止违反本法行为。当诉状已送达被起诉人时，法院要尽快予以审理和判决。在诉状审理期间和禁令发出之前，法院可在该案中随时发出公正的暂时禁止令或限制令。

第五条 依据本法第四条提起的诉讼尚在审理中时，若该案的公正判决需其它人出庭时，不管其它人是否居住在该法院所在区内，法院都可将其传讯。传票由法院执行官送达。

第六条 依据本法第一条的契约、联合、共谋所拥有的财产，若正由一州运往另一州，或运往国外时，将予以没收，收归国有，并可予以扣押及没收，其程序与没收、扣押违法运入美国财产的程序相同。

第七条 任何因反托拉斯法所禁止的事项而遭受财产或营业损害的人，可在被告居住的、被发现或有代理机构的区向美国区法院提起诉讼，不论损害大小，一律给予其损害额的三倍赔偿及诉讼费和合理的律师费。

第七条 A 无论何时，美国因反托拉斯法所禁止的事项而遭受财产及事业的损害时，美国可在被告居住的、被发现的、或有其代理机构的地区，向美国区法院起诉，不论损害数额大小，一律其遭受的实际损失和诉讼费予以赔偿。

第八条　本法提到的"人"，包括依据美国联邦法律、州法、准州法或外国法律成立的，经上述法律授权的现存公司及联合会。

1914 年《克莱顿法》[1]

第一条　（a）这里所用的"反托拉斯法"是指：①1890年7月2日通过的《保护贸易和商业免于非法限制和垄断法案》；②1894年8月27日通过的《为了政府收入和其它目的、减少税收法》第 73 至 77 条；③1913 年 2 月 12 日通过的《对 1894 年 8 月 27 日〈为了国家收入和其它目的、减少税收法〉第 73、76 条的修正案》；④本法。

这里的"商业"是指州际间或与外国的商业和贸易，或哥伦比亚区、美国准州同其它州、准州、外国的商业和贸易，或美国司法管辖权下的属地之间或其它地方之间的商业和贸易，或哥伦比亚区内、准州内、美国司法管辖权下的任何属地及其它地区内的商业和贸易。

本法不适用于菲律宾群岛。

这里的"人"包括依据美国联邦法律、州法、准州法或外国法成立的或经上述法律授权的现存公司。

（b）本法名为《克莱顿法》。

第二条　（a）从事商业的人在其商业过程中，直接或间接地对同一等级和质量的商品的买者实行价格歧视，如果价格歧

---

　　[1]　本译文转自中国竞争法网，见 http：//www.competitionlaw.cn/show.aspx?id=438&cid=31，英文原本"The Clayton Antitrust Act（1914）"，见 http://www.stolaf.edu/people/becker/antitrust/statutes/clayton.html.

视的结果实质上减少竞争或旨在形成对商业的垄断，或妨害、破坏、阻止同那些准许或故意接受该歧视利益的人之间的竞争，或者是同他们的顾客之间的竞争，是非法的。这里歧视所涉及的购买是在商业过程中，商品是为了在美国内、准州内、哥伦比亚区内、或美国司法管辖权下的属地及其它地域内的使用、消费和销售。

本规定不适用于那些因制造、销售、运输成本不同所做的合理补贴。

联邦贸易委员会认为某商品或各类商品中，大量购买者是如此少，以至于根据购买数量提出价格差异是歧视性的或旨在促成商业垄断时，经过对所有利益各方当事人的适当调查和审理后，可确定一数量标准，并在必要时予以修改。

前款不适用于超过联邦贸易委员会规定的数量标准的数量差异所准许的差价。

本规定不限制销售商在真正的私人财产交易中，不限制贸易地挑选顾客。

本规定不限制随着影响市场的条件的变化而产生的价格变化。也不限制容易变质腐烂的商品、司法扣押品以及停业中善意地销售商品。

（b）在对依据本节提起的价格歧视诉状或已完成的劳务、设施歧视诉状审理中，根据对歧视的公正性证据初步立案进行辩驳的责任，在被诉违反本节的一方，除非歧视的公正性得以充分说明，否则，将授权委员会发布中止歧视令。

本规定并不限制卖者通过证明，他的低价或劳务及设施的提供是以良好信誉，平等地同竞争者的低价，或由竞争者提供的劳务、设施相适应，来对初步立案加以辩驳。

（c）商人在其商业过程中，支付、准许、收取、接受佣金、回扣或其它补偿是非法的。但对同商品购销相关的，提供给另一方当事人或代理机构、或代表人、或其它中间机构的劳务除外。这里的其它中间机构是事实上、或代表或服从于该交易一方的直接、间接控制，而不是受准许支付回扣或支付回扣一方所控制。

（d）商人在其商业过程中，除依据同等条件对所有在商品销售中竞争性的其它顾客支付佣金或考虑外，对因同商品的加工、处理、销售相关的劳务是由某顾客提供或通过该顾客提供的，而支付佣金或签订佣金支付合同的行为是非法的。

（e）任何人通过合同完成或由他人直接完成与商品的加工、处理、销售有关的劳务、设施、或者他人有利于该商品的加工、处理、销售相关劳务的完成，而据此，不是根据同其它买者相等的条件进行歧视，是非法的。

（f）商人在其商业过程中，故意引诱或接受本节规定的价格歧视，是非法的。

第三条　商人在其商业过程中，不管商品是否授予专利，商品是为了在美国内、准州内、哥伦比亚区及美国司法管辖权下的属地及其它地域内使用、消费或零售、出租、销售或签订销售合同，是以承租人、买者不使用其竞争者的商品作为条件，予以固定价格，给予回扣、折扣，如果该行为实质上减少竞争或旨在形成商业垄断，是非法的。

第四条　任何因反托拉斯法所禁止的事项而遭受财产或营业损害的人，可在被告居住的、被发现的、或有代理机构的区向美国区法院提起诉讼，不论损害大小，一律给予其损害额的三倍赔偿、诉讼费和合理的律师费。

第四条A　无论何时美国因反托拉斯法所禁止的事项而遭受财产及事业的损害时，美国可在被告居住的、被发现的、或有代理机构的区向美国区法院提起诉讼，不论损害数额大小一律予以赔偿其遭受的实际损失和诉讼费。

第四条 B　任何依据本法第 4 条、第 4 条 A、或第 4 条 C 提起的诉讼，必须在诉讼事由产生后的四年内提出，否则，一律不予受理。

第四条 C　（a）（1）州司法长作为政府监护人，代表其州内自然人的利益，可以以本州的名义，向对被告有司法管辖权的美国区法院提起民事诉讼，以确保其自然人因他人违反《谢尔曼法》所遭受的金钱救济。法院将从该诉讼获得的金钱救济中，排除下列部分：（A）多出已经获得的损害赔偿部分；（B）（i）归于自然人的部分，该自然人依据本节（b）（2）已放弃；（ii）归于任何商业实体的部分。

（2）作为金钱救济，法院将判给该州在本款（1）规定的总损害金额的三倍赔偿金，及诉讼费和合理的律师费。

（b）（1）在根据本节（a）（1）提起的诉讼中，州司法长要按照法院指定的时间、方式、内容，公开发布通知。若法院认为公开发布的通知否认了法律对当事人的适当诉讼，法院可视案件的情况，指示对当事人再发通知。

（2）任何人对其在依本节（a）（1）提起的诉讼中的利益，可按照（b）（1）制作的通知中规定的时间内，向法院提出选择通知，要求使州司法长所请求的金钱救济中归本人的那部分，免于判决。

（3）任何人为其自己的利益，依据本法第四条提出诉讼，却没有在本款（1）制作的通知中规定时间内提出选择通知的，依据本节（a）（1）提起的诉讼的最终判决，将是对其任何相关诉讼请求的最终判决。

（c）任何依据本节（a）（1）提起的诉讼，未经其法院批准，不能驳回或和解，上述诉讼驳回或和解的通知，要按照法院规定的方式给出。

（d）在任何依据本节（a）提起的诉讼中：

（1）原告的律师费，如果有，将由法院决定。

（2）法院在其自由裁量权内，依据州司法长表现极差且任意无根据、或压制性原因，对于明显占优势的被告，给予合理的律师费。

第四条D　在依据第四条c（a）(1) 提起的任何诉讼中，要测定被告违反《谢尔曼法》，固定价格造成的损失，可通过统计的或抽样的方法累计计算，计算非法的过度收费，或采用法院在其自由裁量权内准许的、其它合理的估计累积损失的方法，不必单独证明个人请求的损失数量。

第四条E　依据第四条（a）(1) 提起诉讼，获得的金钱救济：

（1）按照法院在其自由裁量权内授权的方式分配。

（2）由法院推定为民事处罚，作为一般收入由州存储。

上述每种情况所采用的分配方式要使每人都有合理的机会，以确保其能获得净金钱救济额的适当部分。

第四条　F（a）无论何时，美国司法部长根据反托拉斯法提起诉讼，并有理由确信州司法长有权依据本法，实质上基于已宣布的违反托拉斯法行为提起诉讼时，要立即向州司法长发出书面通知。

（b）为支持州司法长依据本法提起诉讼，美国司法部长应州司法长的要求，在法律准许的范围内，有效地提供同该诉讼实际或潜在原因相关的调查性文件及其它材料。

第四条G 本法第四条C、第四条D、第四条E及第四条F中涉及的：

（1）"州司法长"是指州的法律事务主要首长，或由州法授予依据本法第四条 C 提起诉讼的其他人，包括哥伦比亚区的公司顾问，下列人员不包括在内：

（A）用根据本节获得的金钱救济比例确定的继续费所雇佣、聘请的人。

（B）除去由法院根据第四条 C（d)(1）决定的，对明显占优势原告的合理律师费外，根据其它继续费所雇佣或聘请的人。

（2）"州"是指美国各州、哥伦比亚区、波多黎各公共福利区、美国的准州及属地。

（3）"自然人"并不包括所有权和合伙关系。

第四条　H 除非州法规定了该法在其州的不适用外，本法第四条 C、D、E、F 和 G 适用任何州。

第五条　（a）在依据被告违反反托拉斯法的效果，由美国或代表美国提起的民事、刑事诉讼中，作出的最终判决或禁令，是由其他个人对上述被告依据上述法律提起的诉讼中的最初证据。当事人对上述判决或禁令的各方面不能翻供。

本节不适用在初审以前作出的一致判决或禁令。

除了间接翻供效果不能用于联邦贸易委员会依据反托拉斯法和联邦贸易委员会法第五条所做的调查外，本节不能用于对间接翻供施加限制。

（b）在由美国提起或代表美国提起的民事诉讼中，美国向民事诉讼参加者提出的一致判决建议，应当在该诉讼开始后的 60 天前，送至正在审理该案的区法院，并由美国在联邦注册簿上公布，任何对该建议的书面评论和美国对此评论做出的反应，也要送达区法院，由美国在该 60 天内，在联邦注册簿上予以公布，该建议和其它材料以及美国认为对形成该建议有决定性作用的文件，应当使该法院区的公众可以利用，或法院指定的其它区的公众能够利用。随着建议的送达，除非有法院的其它指示，美国将向区法院送达竞争性影响说明书，并在联邦注册簿上予以公布，并应任何人的要求，提供给竞争性影响说明书。

该说明书包括：

（1）诉讼的性质、目的。

（2）导致宣布违犯反托拉斯法的事件及行为。

（3）对一致判决建议的解释，包括导致该建议的不同寻常事件的解释内容所包括的法律条款，由此所获得的救济，以及该救济对竞争的预期性影响。

（4）对因一致判决建议中涉及的事件而遭受损害的潜在私人原告的有效救济。

（5）纠正上述建议的有效程序说明。

（6）由美国实际考虑的、对提出该建议的方法的评价和说明。

（c）对于（i）一致判决建议的条件总结；（ii）依据本节（b）提出的竞争性影响说明的总结；（iii）依据本节（b）由美国能够使公众进行有意的评论的材料及文件单，公众能够进行有效检阅的地方。

美国要至少在该判决有效之前的 60 天内开始，在案件受理区、哥伦比亚区和法院指定的其它地区、在其普遍发行的报纸上，集中在两周的 7 天内登出。

（d）在本节（b）规定的 60 天内及美国要求和法院准许的时间内，美国将接受和考虑方式以书面形式方式提出的，同本节（b）规定的一致判决建议有关的评论。司法部长或其助理将确定执行本节规定的程序，但除了区法院依据：（1）特别情形要求缩短时间；（2）该缩短同公众利益不矛盾外，60 天的期限不能缩短。在收到评论的最后，美国将该评论送达区法院，并在联邦注册簿上公布政府对此评论的反映。

（e）在做出由美国依据本节提出的一致判决之前，法院要确定该判决的发出是为了公众的利益。在确定中，法院可考虑：

（1）该判决的竞争性影响，包括中止已宣布的违法行为、执行和修正条款、已完成的救济和救济期间、救济方法的预期效果、基于判决的充分性而做的其它考虑。

（2）该判决的发布对公众的影响，对诉状中宣布的违法行为而遭受损害的个人的影响，包括对公众利益的考虑，如果有影响，审理中将不发出决定。

（f）在制作本节（e）规定的决定中，法院可以：

（1）应当事人、参加者及法院的要求，法院如果认为合适，可获取政府官员，专家及其他证人的证词。

（2）法院认为合适，指定一专门负责人或专家和法院外的顾问，按照法院认定的适当方式、要求，获得任何人、集团、政府机构对上述判决及判决影响的各方面的观点评估及建议。

（3）授权利益相关的个人、机构全部或限制性地出席诉讼，包括协助法庭解释法律的人出庭，作为联邦民事程序规则规定的一方当事人的干预，文件材料的检查，或由法院认定的以其它方式和内容参加的诉讼。

（4）复审评论，包括对上述判决的目的，以及美国对该评论和目的的反应。

（5）为了公众利益提起由法院认为合适的其它诉讼。

（g）不迟于作出一致判决建议提出后10天内，每一被告要向区法院提供其本人或代表本人，同与该建议有关或负责该建议的美国官员及职员的通信说明（包括口头交换意见说明），但对由书记员同司法部长及司法部职员的通信除外。在一致判决作出之前，每一被告要向区法院证明该说明已编成，而且是被告已知或应该知道的通信的完全真实的说明。

（h）根据本节（e）（f）在区法院进行的诉讼和根据本节（b）提出的竞争性影响说明，不能用来反对由任何其他当事人依据反托拉斯法提起的诉讼中、或由美国根据第四条 A 提起的诉讼中的原告，也不能用作反对该被告的初步证据，形成一致判决产生的基础。

（i）无论何时，美国提起防止、限制、惩罚违反反托拉斯法行为的民事、刑事诉讼，但不包括依据本法第四条 A 提起的诉讼，在诉讼期间及其后一年，将中止限制性成文法对私人诉权、州诉权的运用，该诉权是基于上述反托拉斯法形成的，或部分地、全部地基于上述诉讼对象的各方面内容产生的。

但是，无论何时，在依据本法第四条或第四条 C 产生的诉因方面的限制性成文法，中止运用时，除非在中止期间或诉因产生后的四年内，任何要求执行诉因的起诉将不予受理。

第六条 人的劳动不是商品或商业物品。反托拉斯法不限制那些为了互助、没有资本、不盈利的劳动组织、农业组织、园艺组织的存在和活动，也不限制或禁止其成员合法地实现该组织的合法目的。依据反托拉斯法，这些组织或成员，不是限制贸易的非法联合或共谋。

第七条 从事商业或从事影响商业活动的任何人，不能直接间接占有其他从事商业或影响商业活动的人的全部或部分股票或其它资本份额。联邦贸易委员会管辖权下的任何人，不能占有其他从事商业或影响商业活动的人的全部或一部分资产，如果该占有实质上减少竞争或旨在形成垄断。

如果股票、资产的占有，或通过投票或代理权的准许而占有股票使用权，实质上减少竞争或旨在形成垄断，则任何人不得直接或间接地占有其他从事商业或影响商业活动的人（一人或一人以上）的股票或资本份额。联邦贸易委员会管辖权下的任何人，不能直接或间接地占有其他从事商业或影响商业活动的一人或数人的资产。

对于仅为了投资购买股票，而不是通过投票或其它方式使用该股票造成或企图造成竞争的实质性减少，本节不予适用。

如果从事商业或影响商业活动的公司，为了实际上实现其合法经营组建子公司，或其自然的合法的分支机构，或予以扩大规模，或拥有子公司资产的一部或全部，其组建结果未在实质上减少竞争的，本节将不予限制。

本节不禁止公共运输商资助建立作为公司主要干线的供给者的分支机构或短线，也不禁止其拥有该分支机构或短线的一部分或全部股票。

如果拥有主线的公司和建立分支机构、短线的独立公司之间，不存在实质性竞争，本节不限制公共运输商占有或拥有（由独立公司建立的）分支机构或短线。

如果扩大其运输线的公司和其股票、财产、利息被占有的公司之间，不存在实质性竞争，公共运输商可通过对另一公共运输商股票及其它资产的占有，扩大其运输线。

本节不影响或侵害依法获取的其它权利。本节不能用来将从前由反托拉斯法禁止或定为非法的变为合法，也不能使任何人免于反托拉斯法的处罚或获得民事救济。

对于基于下列委员会（局）授权完成的交易，本节不适用：美国民航局、联邦电讯委员会；联邦电力委员会；州际商业委员会；证券交易委员会依据《1935年公共设施控股公司法》第10条在其管辖权内的授权；美国海运委员会；农业局。

第七条 A（a）除本节（c）规定的豁免外，任何人除双方若是招标则占有方依据本节（d)(1) 规定的准则提出说明并且本节（b)(1) 规定的等待期已过外，下述情形下不得直接或间接地占有其他人的投票权证券或资产，如果：（1）占有人或投票权证券、资产被占有的人是从事商业或从事影响商业的活动。(2)（A）拥有总资产或年净销售额 1 亿美元以上的人，占有另一家年净销售额或总资产 1 千万美元以上的制造业公司的投票权证券或资产；（2）（B）拥有总资产或年净销售额 1 亿美元以上的人，占有另一家年净销售额或总资产 1 千万美元以上的非制造业公司的投票或证券或资产。(2)（C）拥有总资产或年净销售额 1 千万美元以上的人，占有另一家总资产或年净销售额 1 亿美元以上的人的投票权证券或资产。（3）由于上述占有，占有方将拥有（A）被占有人的 15% 以上的投票权证券或资产。(B) 被占有人累积的投票权证券或资产总额超过一千五百万美元。在招标中，一人的投票权证券被另一人（依据本款需提出说明的人）占有，被占有方应根据本节（1）提出说明。

（b）（1）本节（a）规定的等待期：

（A）从联邦贸易委员会和负责司法部反托拉斯处的司法部长助理收到：（i）根据本节（a）已完成的说明开始；（ii）如果该说明没有完成，从收到双方完成的程度和未完成的原因的说明时开始。如果是招标，从收到占有人对上述说明未完成的通知开始。

（B）在收到上述说明后的 13 天（现金招标情形，为 15 天）后结束，或根据本节（e）（2）或（g）（2）确定的推迟期结束。

（2）在个人案件中，联邦贸易委员会和司法部长助理可以中止本节（b）（1）规定的等待期。准许个人对本节规定的占有问题提出诉讼，并迅速地在联邦注册簿上发布通知：指明一方要对该占有提出诉讼。

（3）本节所用的：

（A）"投票权证券"是指在目前或将来变化后，赋予证券所有人、持有人，有权选举发行者的董事，或非公司发行者的董事，或选举实行相同作用的人。

（B）根据占有人所占有他人资产或投票权证券的累计数量、比例，来确定其占有量。

（C）本节不适用下列交易：

（1）由普通商业渠道转移的不动产及货物买卖。

（2）股票、抵押权、信托契约或其它不是投票权证券的占有。

（3）对发行人投票权证券的占有，在占有之前，至少该投票权证券的5%由占有人所有。

（4）从联邦机构、或州及其政治性分支机构转进转出的转让交易。

（5）联邦成文法规定的免于反托拉斯法的交易。

（6）联邦成文法规定的免于反托拉斯法的交易，经联邦机构批准，提供给该机构的所有信息、文件性资料，要同时地提交联邦贸易委员会和司法部长助理。

（7）《联邦储备保险法》第18条C规定的机构所要求的交易，或1935年《银行控股法》规定的机构所批准的交易。

（8）经下列机构批准的交易，提供给上述机构的所有信息和文件性证据，副本要同时在上述交易完成前的30天送交联邦贸易委员会和司法部长助理。1956年《银行控股法》第4节；《全国住宅法》第403节或408节（e），或1933年《住宅所有者贷款法案》第5节规定的机构。

（9）仅为了投资而占有投资权证券，占有的结果并未使占有的证券超过发行者所拥有的现行投票权证券的10%。

（10）投票权证券占有的结果，并不直接或间接地增加占有人占有发行者投票权证券数额的百分比的交易。

（11）仅仅为了投资，由银行、银行协会、信托公司、投资公司或保险公司进行的：（A）依据组织的计划、决定的投票权证券的占有；（B）按照普通方式的资产交易。

（12）依据本节（d）（2）（B）规定的，其它占有、转让，或交易。

（d）联邦贸易委员会，经司法部长同意和依据《美国法典》第五篇第553节确定的原则，为实施本节：

（1）为了使联邦贸易委员会和司法部长助理能够决定，上述占有是否违反反托拉斯法，联邦贸易委员会将规定依据本节（a）提出的说明的形式、内容，同上述占有相关的文件性材料及信息。

（2）（A）决定使用的术语的含义。

（B）使那些不可能违反反托拉斯法的交易、转让、占有及个人免于本节的管辖。

（C）为实现本节的目地，制定必需的和适宜的规则。

（c）（1）联邦贸易委员会或司法部长助理，在本节（b）（1）规定的30天等待期（现金招标是15天的等待期）结束之前，要求同上述占有有关的人，或该人的董事、合伙人、代理人雇员、行政管理人员，提供同上述占有相关的其它信息和文件性材料。

（2）联邦贸易委员会和司法部长助理，在其自由裁量权内，在收到根据上段被要求的人（现金招标中、占有人）。

（A）所有的信息及文件性材料。

（B）如果所要提供的信息和材料没有编完，收到对未完成的信息、文件性材料及未完成的原因说明。

可以增加等待期，但不应超过20天（现金招标中，不超过

10 天）。依据联邦贸易委员会或司法部长的请求，该期限经法院批准可进一步增加。

（f）如果联邦贸易委员会起诉，宣布上述占有违反了本法第 7 条，《联邦贸易委员会法》第 5 条；或美国起诉，上述占有违反了本法第 7 条和《谢尔曼法》第 1 条或第 2 条，联邦贸易委员会和司法部长助理要：（1）在待决诉讼期间，请求对该占有的完成预先禁止；（2）向被诉人居住、经营、或诉讼提起的区法院证明，在待决诉讼期间，公众利益需要救济。

（A）依据联邦贸易委员会或司法部长助理的请求和证明，区法院的首席法官要迅速指定该法院所在的区巡回上诉法院的大法官，该法官指定一名区法官尽力负责该诉讼。

（B）对于预先禁止的请求，区法官要尽早予以审理，并享有优先权，对案件的各方面要加快审理。

（g）（1）任何人、官员、经理、董事、合伙人等，若不遵守本规定，对其违反本法的每一天罚以 1000 美元以下的罚金，该处罚可由美国以民事诉讼方式提起。

（2）如果任何人包括官员、经理、合伙人、代理人或雇员等，实质上不遵守本节（a）规定的说明的要求，或其它依据本节（e）（1），在本节（b）（1）特别规定的等待期内提供其它信息及文件性材料的要求，以及在扩大等待期后又不能提供的，美国法院：

（A）命令服从。

（B）依本节（b）（1）或（e）（2）予以延长等待期，至到实质性完成上（g）（2）述要求。但是在现金招标中法院不能根据被占有方不能实质性地完成（规定的）说明或要求，而予以延长等待期。

（g）依据其自由裁量权，准许其它方式的衡平救济。

（h）根据本节提供给联邦贸易委员会或司法部长助理的任何信息、文件性材料，依据《美国法典》第五篇第 552 条免于泄露、公开，同行政诉讼或司法诉讼相关的部分除外。该规定不限制将上述材料向国会、国会下属委员会及完全授权的委员会公布。

（i）（1）联邦贸易委员会和司法部长助理依据本节提起诉讼与否，本法并不限制、取消，依据本法的其它条款或其它法律规定，随时对该占有提起诉讼。

（2）本节规定不限制联邦贸易委员会，司法部长助理随时依据《反托拉斯民事诉讼法》，《联邦贸易委员会法》或其它法律规定，向任何人随时获取文件性材料、口头证据或其它信息。

（j）不迟于 1978 年 1 月 1 日始，联邦贸易委员会经司法部长助理同意，每年向国会报告本节的运用情况。该报告包括对本节效果的估计、依据本节制定的规则有目的、效果及必要性，及修改本节的其它建议。

第八条　任何人不得同时任两家或多家公司的董事。其中任何一家公司其资产、盈余、未分配的利润累计超过一百万美元，部分地或整体地从事商业。银行、银行联合会，信托公司和受 1887 年 2 月 4 日通过的《商业管理法》管辖的公共运输商除外。根据公司的性质、经营位置，如果公司是或将成为竞争者，那么公司间任何消灭竞争的协议，将构成对任何反托拉斯法的任何条款的违反。依据前款，董事的合适人选应当在上述公司的会计年度未累计的资本、盈余、未分配的利润，（已宣布却未支付给股票持有者的红利除外）来决定，紧接着提前进行董事选举。当依据本法规定选出董事时，原董事可合法地继任此后一年。

已选举为或被指定为银行或其它遵从本法的其它公司董事、

行政官员或雇员的人，在其选举期内为该银行、其它公司工作是合适的。在其选举日期或雇佣日期一年之前，其任职的适宜性不受本规定的影响。

第九条 从事商业的公共运输商，其董事会董事长、董事、经理、经销主任或特定交易的代理人，若同时是另一家公司、合伙、协会的董事、经理、经销主任，或有其实质性的利益，则公共运输商不得与另一家公司进行年累计额超过 50 000 美元的任何建筑、保修合同。不得进行证券交易，供应商品交易或其它商业物品交易。若上述交易是同最有利于公共运输商的投标人做的，或由该投标人完成的，依据竞争性投标规则或由州际商业委员会查明，则上述交易除外。除了投标人的名字、地址，或者公司投标人的董事、经理、总经理的名字、地址（若合伙投标，其成员的名字和地址）随标给出外，不能接受投标。

任何人直接或间接地阻止或企图阻止投标人之间的公平竞争，或影响投标人之间的公平竞争，或者阻止投标，将对其施以与本节规定的对董事或行政官员的相同处罚。

公共运输商，拥有上述交易或进行这种购买，要在该交易完成后的 30 天内，向州际商业委员会，提交一份全面详尽的报告，证明该交易是竞争性投标交易，其内容包括投标人、公司董事、经理及其他负责人的名字、地址、公司的成员及合伙投标，州际商业委员会在调查、听证后，确信上述交易违反法律时，要把关于上述交易的所有文件、自己的意见或调查，送达司法部长。

公共运输商违反本节，将处以不超过 25 000 美元的罚款，经理、代理人、部门经理等，若投票支持，帮助或直接参加这一违法行为，以轻罪论处，其罚款不超过 5000 美元，监禁不超过一年，或由法院酌情并用两种处罚。

第十条（a）依据本法第二、三、七、八条提起诉讼的权力，分别授予：

州际商业委员会负责《州际商业法》规定的公共运输商。

联邦通讯委员会负责无线电通讯、电缆通讯、能源的无线传输。

国内民航局负责空运公司、依据《1938 年国内民航法》规定的外国空运商。

联邦储备委员会负责银行、银行联合会、信托公司。

联邦贸易委员会负责其它起诉。

（b）当具有司法管辖权的委员会、局，有理由确信某人正在违反或已违反本法第二、三、七、八条时，将发出和送达此人和司法部长起诉状，说明起诉的内容，内含在诉状送达后的 30 天内某天某地进行审理的通知。被告有权在确定的时间、地点出庭标明，为什么委员会（局）不该要求此人停止起诉的违反行为、司法部长有权出庭和干预该诉讼，任何人依据经委员会（局）批准的充足理由，提出申请，依本人或律师身份出庭和参与该诉讼。依据审理，如果委员会（局）认为此人已违反或正在违反本法，将提出书面报告，讲明其对事实的调查结果，同时向此人发布命令，要求停止违反，并按照命令规定的方式、时间剥夺此人所拥有的股票、资产、资本份额，或免除同本法第七、八条规定相抵触选定的经理的职务。在准许提请复审期结束之前，如果在该期内未提出申请，或复审请求是在诉讼记录上交上诉法院之前，委员会（局）可随时依据上述通知和其认为合适的方式，部分或全部地修改、废止其依据本节发出的报告或命令。若申请复审期已过，没有提出复审请求的，委员会（局），认为事件的条件和法律变化要求重审，或公众利益要求重审，在安排审理的机会及通知发出后，可随时重新制作改变、修正、或废止其根据本节所做报告、命令的一部分或全部。上述当事人，在传票送达后的 60 天内或重新审理的报告、命令送达后 60 天内，可依据本节（c）的规定，获得美国上诉法院的复审。

（c）委员会（局）命令要求停止侵犯行为的人，在停止令送达后的 60 天内，用书面形式，在其居住、经营、侵犯行为发生地，向该区的美国巡回上诉法院提出申辩书，要求废止委员会（局）的命令。申辩书副本应由法院职员送达委员会（局），依据申辩书，法院有诉讼管辖权，并在诉讼记录提出之前，同委员会（局）共同裁决，法院有权发布确认、修正、废止委员会的命令或禁令。有权执行已经确认了的命令，也可发传票作为其司法管辖权的附属，也可在诉讼期间防止违法行为对公众及竞争者的伤害。

关于事实，如果有实质性证据的支持，委员会的调查是终局调查。

当委员会（局）的命令被确认时，法院将发布自己的命令，要求当事人遵守委员会的命令，如果当事人提出申请，要求增加证据，并已向法院标明，增加的证据是有关的，以及为什么在诉讼之前去提出该证据的合理理由，法院可命令将增加的证据提交委员会（局），并增加到委员会（局）进行的审理中。根据新增的证据委员会可修正其事实方面的调查，或重新进行调查，该调查若有实质性证据的支持，将是终局性的。关于修改或废止原先调查的建议，以及新增加的证据也是终局性的，除了最高法院依据《美国法典》第 28 篇第 1254 节复审外，法院的审理判决和禁令是终局性的。

（d）上诉法院确认、执行、修正或废止委员会（局）命令的司法管辖权，是排他性的、专有的。

（e）上诉法院对上述诉讼要（比其它诉讼）优先处理，并加快处理。委员会（局）命令或法院执行委员会命令的判决，不能免于任何人基于反托拉斯法所承担的责任。

（f）委员会（局）的诉状、命令或其它诉讼材料，可由委员会（局）授权的人送达下列人员：①把副本送达当事人、合伙成员、总经理、主任或其他高级职员；②把副本送达当事人的主要营业所、居住所；③邮寄到当事人的居所或主要营业所。上述副本的送达回执是副本已送达的证据，邮局开的收据也是上述诉状、命令、其它文件送达的证据。

（g）任何依据本条（b）发布的命令，在下列条件下是终局性的：

（1）申请复审期内，没有提出申请的。

（2）申请调取下级法院卷宗期内，委员会（局）的命令已得到确认，或复审申请已被上诉法院驳回，且没有提出申请，要调取下级法院的卷宗。

（3）委员会的命令已被确认，或复审请求已被驳回，委员会做出的否认申请调取卷宗的命令。

（4）如果最高法院指示，委员会（局）的命令已被确认，或复审请求被驳回，在最高法院发布训令的 30 天内，委员会（局）做出的命令。

（h）如果最高法院指示，委员会的命令已被确认或废止，委员会（局）根据最高法院训令、做出的命令在其做出 30 天后，成为终局性的；但如果在此 30 天内，当事人提出诉讼，要求根据最高法院的训令纠正该命令，则委员会（局）因此修改后的命令，是终局性的。（i）如果最高法院要求重审，或上诉法院将案件发回委员会重审，如果①准许申请调取下级法院卷宗的期限已过，且没有提出此类申请；②申请已被否决；③法院的判决已由最高法院确认，由此依据重审令提出的委员会（局）的命令是终局性的，即使委员会先前没有发布命令。

（j）这里的"训令"，若在其发出后的 30 天内收回，是指最后训令。

（k）任何人违反委员会发布的已生效的终局性命令，对其每一违反行为将处以 500 美元以下的民事处罚，该处罚可以美国的民事诉讼方式提起。除由于持续性不遵从或忽视委员会（局）的最终命令，每持续一天指定为单独违反外，对该命令的每一单独违反，都是一单独的罪行。

第十一条　依据反托拉斯法对公司提起的诉讼，不仅可以在其作为居民的司法区，也可在公司违反行为被发现或经营的区提起，所有诉讼材料（诉状）可以送达其作为居民的区，也可送达其行为被发现的区。

第十二条　在由美国或代理提起的任何诉讼中，证人传票可以送达其它区。该证人可被要求在依据反托拉斯法提起的民事或刑事案中，在任何司法区出庭。

在任何民事诉讼中，对于居住在法院所在区一百英里以外的证人，未经审理法院根据适当的申请和表明的原因所做的批准，不得向证人发传票。

第十三条　当公司违反反托拉斯法的刑事规定时，整体上或部分上，授权、命令、直接参加违反反托拉斯法的公司经理、行政官员、代理人，也是违法的，其犯有轻罪，将处以 5000 美元以下的罚款，或一年以下的监禁或由法院酌情两者并用。

第十四条　授权美国区法院司法权来防止和限制违反本法，各区的检察官，依据司法部长的指示，在其各自区内提起衡平诉讼，以防止和限制违反本法行为。起诉可以诉状形式，要求禁止违反行为。当诉状已送达被起诉的人时，法院要尽快予以审理和判决。在诉状审理期间和禁令发出之前，法院可随时发布暂时停止令或暂时限制令。不管证人是否在审理法院区居住，法院都可传票传唤证人、传票由法院执行官送达。

第十五条　对违反反托拉斯法（包括本法第二、三、七、八条）造成的威胁性损失或损害，任何人、商号、公司、联合会都可向对当事人有管辖权的法院起诉和获得禁止性救济。当作为反对威胁性行为的禁止性救济条件、原则，由衡平法院准许时，依据进行此类诉讼的原则，依据保证人对上述损害的请求和证明不可弥补的损害很快发生，法院可签发预先禁止令。

本规定并不授权个人、商号、公司、联合会（美国除外），就州际商业委员会管理、监督、司法管辖下各方面的问题，向公共运输商提出衡平起诉，要求禁止性救济。

依据本条提出的任何诉讼中，若原告实质上占有优势，法院将奖励原告诉讼费，包括合理的律师费。

第十六条　本法的任何句子、段、或节，由于某些原因，由享有完全司法权的法院判为无效，并不影响本法其余部分的效力。法院判为无效的部分，仅限于由判决的论点直接涉及到的句子、段、节。

第十七条　美国法院或其法院法官，对雇主之间、雇员与雇主之间，雇员之间因雇佣条件而产生的争议，不能做出限制令或禁止令。

但为防止财产及财产权免受不可避免的侵害而发布的禁令或限制令除外，该侵害必须是法律没有详细的救济，当事人提出书面申请，并经申请人，或其代理人、或律师发誓，并对财产及财产权做了特别说明。

1914 年《联邦贸易委员会法》[1]

第一条　本法创立的委员会，称为联邦贸易委员会，由五名委员组成，委员由总统任命经参议院推荐和批准。一政党的委员不能超过 3 名，第一任委员从 1914 年 9 月 26 日起，任期 3 年、4 年、5 年和 7 年，每一委员的任期由总统指定，其继任者的任职期限为 7 年，但继任委员空缺者只在被继任委员的空缺期间内任职，委员在其任职届满后可继续任职，一直到任命出继任者为止。总统从具有委员资格的人中，选出委员会主席一人。委员不得从事其它实业、休假或其它职业。总统可依据委员的工作无效、玩忽职守、渎职，解除该委员的职务，委员会委员的空缺，并不影响在任者行使委员会的全部权力。

第二条　联邦贸易委员会（以下称委员会）指定一名秘书，其薪金同美国法院法官的一样。委员会有权雇佣和确定其履行职权时，所需雇佣的律师、专家、检验者、职员和其它雇佣费用，该费用由国会随时予以拨付。

除上述秘书、律师、专家、检验者、每一委员的职员外，委员会的所有雇员都是行政部门的一部分，要依据委员会规章或行政委员会制定的规则，履行职责。

委员会的所有费用，包括调查中接送委员的必要费用，以及依据委员的命令，雇佣人员的费用，在华盛顿区以外履行公务的费用，由委员会依据清单予以批准和支付。

在其它事项由法律做出规定之前，委员会可租办公室自用。总会计办公室将接受和检查委员会的所有开支帐户。

---

〔1〕　本译文转自中国竞争法网，见 http://www.competitionlaw.cn/show.aspx? id = 439&cid = 31，英文原本 " The Federal Trade Commission Act（1914）"，见 http://www.stolaf.edu/people/becker/antitrust/statutes/ftc.html.

第三条　委员会的主要办公室设在华盛顿，但委员会可以在其它地方行使其权力。委员会委员或由委员会指定的检验者，可在美国任何地方进行调查。

第四条　本法的"商业"是指州际间的、与外国的商业、或美国准州内、哥伦比亚区内、或准州之间、准州与其它州、外国，或哥伦比亚区同其它准州、外国间的商业。

"公司"是指任何为自己盈利或为其成员的盈利成立的，拥有资本份额或资本股票的公司、托拉斯、或联合会，合伙除外。

"文件性证据"包括所有的文件、报告、通信、会计帐簿、财务记录及公司记录。

"商业管理法"是指 1887 年 2 月 14 日通过的《商业管理法》，以及该法的修正、补充部分；1934 年的《通讯法》及其修正、补充部分。

"反托拉斯法"是指 1890 年 7 月 2 日通过的《保护贸易和商业免于非法垄断和限制法》；1894 年 8 月 27 日通过的《为了国家收入和其它目的，减少税收法》第 73~76 条；1913 年 2 月 13 日通过的，对 1894 年 8 月 27 日的《为了国家收入和其它目的、减少税收法》第 73.76 条的修正案；1914 年 10 月 15 日通过的《保护商业和贸易免于垄断和限制及其它目的，对现存法律的补充法》。

第五条　（a）（1）商业中或影响商业的不公平的竞争方法是非法的；商业中或影响商业的不公平或欺骗性行为及惯例，是非法的。

（2）授权联邦贸易委员会阻止个人、合伙人、公司、使用上述违法方法及行为、惯例。下列情形除外：银行、第 18 条（f）（3）规定的存贷款机构，《商业管理法》规定的公共运输商，1958 年《联邦航空法》规定的航空公司、外国航空公司，

1921 年《牲畜围场法》规定的个人、合伙人、公司，但该法第406 条（b）规定的除外。

（b）无论何时委员会有理由确信，任何个人、合伙人、公司已经或正在实行上述非法方法及行为、惯例时，若对此提起诉讼同公众利益极为相关，委员会应对上述当事人发出、送达起诉状、说明起诉的内容，并附带该起诉状送达后的 30 天内，在何时何地审理的通知。上述当事人有权在规定的时间、地点出庭，并提出委员会对其上述行为不能发出停止令的原因。上述当事人，依据经委员会批准的充足理由，经申请，可以本人或由其律师出庭参加诉讼。诉讼中的证据，要以书面形式提交委员会。经审理，委员会认为当事人的有关行为、竞争方法是本法所禁止的，委员会将提出书面报告或禁止令，要求当事人停止使用不正当竞争方法或欺骗性的行为、惯例。在提请复审期结束前，如果没有提出复审申请，或复审期内提出申请，是在诉讼记录上交美国上诉法院之前，委员会可随时，以其认为合适的方式和通知，纠正或废止其依据本条发布命令的一部分或全部。提请复审期过之后，如果没有提出申请，无论何时，委员会认为事实条件和法律已变要求重审，或公众利益要求重审的，委员会在通知审理和安排机会后，可重新制作、改变或修正、废止其依据本节所做报告、命令的一部分或全部。

（c）委员会停止令中，要求其停止不正当竞争方法或不公正的，或欺骗性行为及惯例的个人、合伙人、公司，在该停止令送达后的 60 天内，可以书面形式，向其居住、营业或行为实施地的美国上诉法院申请复审，以废除委员会的停止令。法院应将申请书副本及时送交委员会，委员会应及时把诉讼记录送交法院。

根据申请书，法院有权同委员会同时决定有关的问题，法院有权确认、修改或废除委员会的命令。

委员会对事实的判决，若有证据支持，是终局性的。委员会的命令被确认时，法院将发布自己的命令，要求当事人遵守委员会的命令。如果任何当事人向法院请求增加证据，必须证明增加的证据同该案相关，而且为什么在委员会诉讼中，未能提出的合理理由，法院可以命令委员会增加该证据，并依据新证据，委员会可修改其对事实的判决，或作出新判决，并把修改后的判决或新判决制作成文件。如果新判决或修改后的判决，有证据的支持，则是终局性的。除由最高法院予以审理外，法院的判决和禁止令是终局性的。

（d）法院对确认、修改、执行、废除委员会命令的判决，是终局性的。

（e）对于反托拉斯案件，上诉法院应比其它案件予以优先、加快审理，依据反托拉斯法，委员会的命令或法院执行该命令的判决，不能免于该个人、合伙人、公司的任何责任。

（f）起诉书，命令或其它文件，其副本可由委员会授权的人，送达：①本人、合伙人、公司经理、秘书或其它公司职员或董事长；②当事人营业场所或主要机构；③挂号邮寄。传送人的送达回执，或邮局的回执，是起诉书、命令或其它文件送达的证据。

（g）下列情况下，委员会的命令是终局性的：

（1）申请复审期内未提出申请的；

（2）依据准许申请移送文件（调取案件卷宗）的期限，如果委员会的命令已被确认，或复审请求已被上诉法院驳回，且没有提出申请移送文件的；

（3）根据对申请移送文件的否认期，如果委员会的命令被确认，或复审申请已被驳回的；

（4）依据最高法院发布训令后 30 天内，如果最高法院指示，委员会的命令已被确认，或复审申请已被驳回的。

（h）如果最高法院指示，委员会的命令已被修改或废除，委员会根据最高法院的训令提出的命令，在该命令提出后 30 天内，如果没有当事人起诉要求根据最高法院的训令，则修改委员会的命令成为终局性的。如果当事人提起诉讼，则委员会据此（该诉讼）修改后的命令，是最终性的。

（i）委员会的命令已由上诉法院修改或废止，如果：

（1）提起移交卷宗的期限已过；

（2）移交卷宗的申请被否认；

（3）最高法院确认了法院的判决。

依据上诉法院训令而发布的委员会的命令，在其发出后的 30 天内，当事人没有提起诉讼，要求依据上诉法院的训令，纠正其命令，则是终局性的，如果提出诉讼，则委员会据该诉讼修改后的命令，是最终性的。

（j）如果最高法院命令重审，或者上诉法院要求委员会重审，如果：（1）申请移送卷宗的期限已过，且没有提出申请；（2）申请被否认；（3）最高法院确认了法院的判决。则委员会依据重审的命令做出的命令，是终局性的。

（k）训令的含义：如果训令在其发布后 30 天内收回训令的，则训令是指最后训令。

（1）任何人、合伙人、公司违反委员会已经生效的最后命令，对其每一违反行为将处以 10 000 美元以下的民事处罚，该处罚要以民事诉讼方式由司法部长提起。除持续性地不遵守或忽视委员会的命令，其每不遵守或持续一天推定为单独违法外，对该命令的单独违反是一单独的违法行为。为执行委员会的最终命令，授权美国区法院在该类诉讼中，发布强制禁令及进一步予以衡平救济。

（m）（1）（A）任何人、合伙人、公司违反委员会制定的关于不公正的或欺骗性行为及惯例，或不正当竞争方法的规则，委员会要向区法院起诉将对其每一违反行为处以 10 000 美元以下的民事处罚。

（B）委员会根据本条（b）确定了不正当的竞争方法或欺骗性、不公正的行为及惯例，并发出最后停止令的，委员会可向区法院提起民事诉讼，以对违反的个人、合伙人、公司处以民事处罚。违反人：（1）在停止令成为终局性的以后（不管违反人是否服从该停止令）；（2）并且实际上知道该行为是不公平的、或欺骗性的，根据本条（a）（1）是非法的。则对其每一违反行为处以 10 000 美元以下的民事处罚。

（C）若继续违反委员会关于不正当竞争方法及不公正的、或欺骗性行为的规则或本条（a）（1）其每违反一天，将作为一单独的违法行为，法院将考虑从前这种行为的历史、支付能力、对继续经营能力的影响，以及依据公正所要求的其它方面，来决定民事处罚的数量。

（2）如果确定不正当或欺骗性行为的停止令，在依据上段（1）（B）提起的民事处罚诉讼中，没有发出、诉讼中的事实问题需重新审查。

（3）对于民事处罚诉讼，如果和解或解决是以公开说明其原因并得到法院的批准，则委员会可以和解或解决该民事处罚诉讼。

第六条 委员会还具有下列权力：

（a）随时收集、编制和调查有关从事商业或其活动影响商业的个人、合伙人、公司的组织、经营活动及管理等方面的信息，但除依据本法第 18 第（f）（3）规定的存贷款机构、银行以及《商业管理法》规定的公共运输除外，委员会也可调查上述个人、合伙人、公司与其它人合伙人、公司之间的关系。

（b）通过一般命令或特殊命令，要求从事商业或其活动影响商业的个人、合伙人、公司，银行及第 18 条（f）（3）规定的存贷款机构，《商业管理法》规定的公共运输商除外，按照委员会规定的方式，向委员会提供有关其组织、经营活动、管理等有关方面的信息，以及其与其它个人、合伙人、组织、公司之间的关系，提供信息等的方式要以书面形式同时提供年度报告或特别报告，或只提供年度报告、或只提供特别报告。报告要经宣誓或按照委员会的规定，在委员会规定的期间内，特别期限要经委员会批准。

（c）在美国提起的防止、限制公司违反反托拉斯法的诉讼中，最后禁令发出时，依据禁令的目的、方式，并根据司法部长的申请予以调查，是委员会的职责。要把调查结果转交司法部长，并在其自由裁量权内将报告公开。

（d）根据总统的指示，或参、众两院任何一院的指示，调查公司已违反反托拉斯法的有关事实。

（e）根据司法部长的申请，对违反反托拉斯法的公司进行调查，并提出调整该公司经营的建议，以便使该公司按照法律维持其组织、管理和经营。

（f）随时将获得的上述信息，为了公众的利益予以公开，向国会编制年度报告或特别报告，并向国会提出增加立法的建议。并按照最有利于公众利用和接受的方式，向公众提供上述报告及决定。

委员会不能将从任何人获取的专有的，或机密的商业或金融情报予以公布，也无权将贸易秘密公布于众，但委员会可以将贸易秘密或专有的、机密的商业、金融信息（情报），呈递给联邦执法机构或州执法机构的有关官员，该官员要首先说明，所获取的信息仅仅是为了执法目的，并保密。

（g）随时对公司进行分类，（本法第 18 条（a）（2）规定的部分除外），制定执行本法的规章及原则。

（h）随时对制造商、商人、贸易商的行为，联合会或协会可能影响美国贸易的贸易条件、或其它条件进行调查，向国会提供调查报告及具有建设性意见的建议书。

银行、第 18 条（f）（3）规定的存贷款机构及《商业管理法》规定的公共运输商，免于本条（a）（b）款的约束，但并不限制委员会对那些不从事只偶尔涉及到银行业、或作为存贷款机构经营活动，或《商业管理法》规定的公共运输中的任何个人、个人团体、合伙人、公司行业进行调查、收集、编制信息，或要求对方提供报告或就有关问题予以答复。

委员会要制定一旨在实质上减轻由于本节（b）规定的提供季度金融（财务）报告而加在小企业者上的负担的计划。

委员会的委员、官员或职员、不能将由特定机构或个人提供的、能够辨认的商业材料向公众或联邦机构公开。

除委员会有权进行调研或准备同保险业有关的报告外，本规定不适用于保险业。

第七条　在由司法部长或在其指示提出的衡平诉讼中，如果依诉讼证据得出的结论认为原告有权获得救济，法院可将上述诉讼转交委员会，作为衡平法院的主管人（代表），确认和提出禁止令。委员会在通知当事人后，可依照法院规定的程序规则提出诉讼。

第八条　政府各部门和局，依照委员会的请求，经总统指示，要向委员会提供其拥有的关于本法管辖下的任何公司的所有记录、文件及信息，并随时指定有关官员、职员向委员会负责上述材料。

第九条　为执行本法，委员会或其完全授权的代理人，在合理的时间内，有权复制被调查或被起诉公司的任何文件性证据，委员会有权发传票，要求证人出庭作证，和制作同调查相关的文件性证据，委员会的成员可签发传票，委员会成员和检验者可管理誓言和确认书，检查证人，收取证据。

证人出庭和文件性证据的制作，可在美国任何地方获取，也可在指定审理的任何地方获取，如果当事人不服，委员会可借助法院的协助，要求证人出庭作证，提供文件性证据。

美国区法院对于在其管辖权内进行的调查，如果公司、其它人继续不遵守或抗拒、委员会的传票（唤），法院可发布命令，要求该公司、其它人到委员会，或者按照委员会的命令，制作文件性证据，或有关的证据，任何人若不遵守法院的命令，将以蔑视法庭罪论处。

根据司法部长应委员会要求提出的申请，美国区法院有权发布训令，要求任何人、公司遵守本法和委员会依据本法发布的命令。

在依据本节提起诉讼、调查的任何阶段，委员会可命令对证据进行处理，该处理由委员会指定的人进行。此人有权管理誓言，或以书面形式在其权限内或简缩证据，并予以编号。

对于被传唤的证人费用，同法院在审理中的规定相同。

第十条　任何人本应出庭作证或遵从委员会的传唤，如果忽视或拒绝出庭作证，或者忽视或拒绝回答合法的调查或制作文件性证据，将是犯罪行为，对当事人法院将处以 1000～5000 美元的罚款，或一年以内的监禁，或上述两种处罚并用。

任何人如果故意制作虚假证据（如虚假报告、虚假的会计帐目、经营情况表等），或不向委员会提供所要的真实证据，是非法的，法院将对当事人处以 1000～5000 美元的罚款，或一年以下监禁，或者上述两种处罚并用。

任何公司如果不能按委员会确定的时间及时呈递年度报告或特殊报告，如在通知后 30 天未能呈递，则其后每超过一天，罚款 100 美元上交国库，该处罚可以认美国的名义，以民事诉讼的方式、在公司主要营业场所或经营的区提起诉讼。

依据司法部长的指示，依法取证是检察官的职责，由此而产生的开支，由法院予以支付。

委员会委员、职员，没有委员会的批准，将委员会获得的信息公开（在法院指示下，公开信息除外），是轻罪，将处以 5000 美元以下罚款，或一年以内监禁，或者上述两种处罚并用。

第十一条　本法不防止或干涉反托拉斯法及商业管理法的执行，也不修改、改变或废除反托拉斯法或商业管理法。

第十二条　任何个人、合伙人、公司传播或导致传播下列虚假广告，是非法的：

（1）通过美国邮局，或在商业中通过各种方式引诱，或直接、间接地可能引诱对食品、药品、设备或化妆品购买的虚假广告。

（2）通过各种方式引诱或可能引诱顾客购买食品、药品、设备或化妆品的虚假广告。

（3）传播或导致传播虚假广告，是不公平的或欺骗性行为及惯例。

第十三条　（a）无论何时，委员会确信：

（1）个人、合伙人、公司从事于或将从事于传播或导致传播虚假广告；

（2）委员会对此提出诉状，在诉状被复审法院驳回或撤销之前，或委员会的停止令最终有效之前，委员会确信，禁止该行为具有重要的公众利益。

委员会将指定其律师在美国区法院或准州法院提起诉讼，以要求停止传播或引导传播虚假广告。依据充足的证明，可在没有担保情形下发布暂时禁止令或限制令。该诉讼可在上述当事人居住或营业的区提起。

（b）无论何时委员会有理由确认：

（1）个人、合伙人或公司正在违反或打算违反委员会执行的法律规定；

（2）委员会对此提出诉状，在诉状被复审法院驳回或撤销之前，或委员会的停止令最终生效以前，委员会确信禁止该违反行为具有重要的公众利益。

委员会将指定其律师在区法院提起诉讼，要求禁止上述违反行为，并依据充足的证据证明：该诉讼是为了公众利益，且委员会胜诉的可能性极大。通知被告以后，没有担保也可以发布暂时限制令或预先禁止令。

如果在暂时限制令或预先禁止令发布后，在法院规定的时间内，不超过20天，未提出诉状，法院将驳回（解除）该命令或禁止令。

在有些案中，在提出适当证据后，委员会可请求法院发布永久禁令。上述诉讼要在当事人居住或营业的区提起。

第十四条 任何人违反本法第12条（a）的规定，如果广告商品的使用，因广告内容的结果有害于健康，或在通常的习惯下，使用广告商品有害于健康，且这种违反是故意欺骗，则此人将犯有轻罪，将处以5000美元以下罚款，或不超过6个月的监禁，或两者并用。

如果被处罚者重新违反上述规定，将处以10 000美元以下罚款，或一年以下监禁，或两者并用。

（b）除虚假广告产品的制造商、包装商、分配商或销售商外，出版商、无线电广播机构，或广告传播机构，对本法规定的传播虚假广告不负责任，除非他们拒绝向委员会提供有关上述传播虚假广告的制造商、包装商、分配商、销售商、广告机构的名字和地址。

广告机构，除非委员会要求其提供有关传播或导致传播虚假广告的制造商、包装商、批发商、销售商等的名字、地址，而广告机构拒绝外，不负传播虚假广告的责任。

第十五条　本法所用的"虚假广告"是指在主要方面是欺骗性的广告，不是标签。决定广告的欺骗性时，既要考虑广告说明、词、句及设计、声音或其组合本身，还要考虑其对相关事实的表述程度。

"食品"是指：①用于人和其它动物的饮料食用品；②口香糖；③上述物品的组成部分。

第十六条　（a）（1）除本条（2）、（3）规定外，如果：

（A）在授权委员会、司法部长代表委员会提起与本法相关的诉讼，进行辩护或干预诉讼（包括获取民事处罚的诉讼），在开始诉讼、进行辩护或干预之前，委员会要发出书面通知，同司法部长就诉讼的各方面进行协商。（B）司法部长在收到该书面通知的45天内，不能起诉、辩护和进行干预，委员会可起诉、辩护、干预及检查诉讼中的个人，以及以自己的名义进行上述活动。

（2）除本条（3）规定外，在任何民事诉讼中：

（A）依据本法第13条（同禁止性救济相关的）；

（B）根据本法第17第（b）（同消费者痛苦有关的）；

（C）获得对该委员会规定的规则的司法复审，或者依据本法第5条获得停止令；

（D）依据本法第 9 条第 2 段（同传票的执行有关），依据本条第 4 段，委员会有开始起诉，辩护、检察诉讼个人，以及对该诉讼上诉的排他性权力。

除非委员会授权司法部长做上述事项，否则对该权力的行使，委员会将通知司法部长。该实施并不排除司法部长代表美国，依据其它法律规定，干预该上诉以及其上诉的权力。

（B）（A）委员会根据本条（1）（2）提起诉讼的判决发出后的 10 天内，委员会可以书面形式，请求司法部长代表委员会，通过委员会指定的律师出庭最高法院对该诉讼的审理，需要：

（i）司法部长同意该请求；

（ii）司法部长在该判决发出的 60 天内；

（a）拒绝上诉或申请调取该诉讼的卷宗，应在该 60 天内，以书面通知形式向委员会说明拒绝的原因。

（b）对委员会的请求，司法部长可不提起诉讼。

（B）除非委员会同意，在司法部长代表委员会出席，委员会代表自己依据本条（1）（2）提起的诉讼，在最高法院审理时，司法部长可以不同意任何判决、和解、驳回，或指出最高法院在该诉讼中的错误。

（C）本条中的司法部长包括总法务官。

（4）假如在本条（1）中规定的 45 天，本条（3）中规定的 60 天到期之前，由于法院关于起诉、上诉通知或其它有关诉讼，上述中的事实等程序上的条件，委员会对上述诉讼的权利（起诉、辩护干预、上诉）可以取消，这时，司法部长可有法院规定的一半时间，根据本条（1）起诉辩护，干预上述诉讼，或依据本条（3）（i）（ii）拒绝上诉或申请调取诉讼卷宗，并将拒绝的原因书面通知委员会。

（5）本款不适用于第28篇第31章，及其它法律规定。

（b）当委员会确信，依据本条个人、合伙人或公司应负刑事处罚时，委员会将向司法部长提供事实，司法部长的职责在于提起适当的刑事诉讼。

第十七条　本法的规定及其应用，某部分无效，并不影响其余部分的效力。

第十八条　（a）除本条（i）规定外，委员会可以规定：

（A）关于影响商业（本法第5条（a）（1）规定的意义内）的不公平的或欺骗性行为方面的政策说明，或解释性规则。

（B）规定特定的行为、活动（惯例）是影响商业的不公平的欺骗性的行为规则。

（b）~（g）规定（略）。

（h）（1）依据委员会制定的规则，委员会可向参加本条规定的规则诉讼的下列人员支付合理的律师费、专家证人费、及其它费用：

（A）该人拥有或代表着一定的利益；

（i）该利益在该诉讼中未能很好地体现。

（ii）该利益就整体而言，对该诉讼决定的公正性是必需的。

（B）由于此人不能支付口头作证费，进行多项检查费及辩护费，而不能有效参加该诉讼的人。

（i）在1980年《联邦贸易委员会改进法》生效期间，委员会无权颁布关于儿童广告诉讼的规则或依据委员会认为该广告是影响商业的不公平或欺骗性行为而做出的任何实质上相似的诉讼。

（j）委员会可规定一最终规则，该规则要规定：（A）会见通知列在委员会制作的周末工作表上。（B）对该会见要逐字记录，编制会见总结，该记录总结或有关的其它通信，要妥善保存，并使公众可以有效地利用。

（k）委员会颁布一最终规则，规定对于规则诉讼相关的事实或该诉讼记录中没有的事实，禁止负有调查责任或在委员会执行局内同规则诉讼有关的其它责任的委员会官员、职员代理人，向任何委员、委员的私人办公人员提供，但若提供的事实是为了公众利用或者记录在诉讼记录中的除外。

第十九条（a）（1）如果个人、合伙人或公司违反依据本法制定的关于不公平或欺骗性贸易规则（不是解释性规则，或委员会规定的不是违反本法第5条（a）的规则），委员会可对上述当事人依据本条（b）规定，提起民事诉讼要求救济，诉讼即可向美国区法院提起，或向拥有同州司法权相等的法院提起。

（2）如果个人、合伙人或公司从事不公平的或欺骗性行为，委员会发布了最后停止令，并送达当事人之后，委员会可提起民事诉讼。如果委员会使法院确信，停止令停止的行为是正常理智的人该知道的、是不诚实的或欺骗性行为，法院将准许依据本条（b）予以救济。

（b）在依本条（a）提起的诉讼中，法院有权准许救济，以便个人、合伙人或公司，由于他人违反不公平的或欺骗性行为规则受到的伤害得以补偿。该救济不仅仅限于变更或解除契约、返还财产、金钱赔偿、公开说明违反等。

（c）（1）如果：（A）依据本法第5条（b）发布的停止令已成最终性的；（B）对当事人的违法行为已提起诉讼，则委员会对诉讼中相关事实的调查，是最终性的，除非：（i）停止令的条件上明白地说明了委员会的调查不是终局性的；（ii）由于本法第5条（g）（1）的原因，停止令变为最终性的，如果有证据支持，该调查是最终性的。

（d）对于根据本条（a）（1）相关的违反规则的诉讼和根据本条（a）（2）相关的不公平或欺骗性行为诉讼，在违法行为发生后三年之后，委员会不能起诉。但如果关于个人、合伙人或公司违反不公平的欺骗性的行为规则其该行为的停止令变为最终性的，且该停止令是在该违反行为发生后 3 年内发出的、可以在该命令成为最终性的 1 年内、随时向上述个人、合伙人、公司提起民事诉讼。

（e）本条规定的救济是对州法、联邦法规定的诉讼权或其它救济的补充。本条不影响委员会依据其它法律规定享有的权力。

欧盟

《欧盟工作模式条约》第 101、102 条〔1〕

第 101 条

（1）一切阻碍成员国间贸易以及对内部市场内竞争造成妨碍、限制或扭曲的企业间协议、企业合并决定以及协同行为，均与内部市场不相容且应予以禁止，尤其是下列行为：

a）直接或间接固定买入或售出价格或其他交易条件；

b）限制或控制生产、销售数量，限制技术发展或投资；

c）划分市场或货源；

d）对某些交易对象的就同等服务提出不同的对价条件，使得某些交易对象在竞争中受到歧视；

e）在订立合同时附加交易条件，迫使合同相对方接受额外的，客观上或依商业惯例而言与合同标的物相互独立的商品或服务。

（2）依本条应予禁止的协议或决定是无效的。

（3）第一款不适用于有助于改善商品生产或销售，促进技

---

〔1〕 全文请见 http://www.aeuv.de/，"Vertrag über die Arbeitsweise der Europäischen Union".

术进步或经济发展，且消费者得以合理分享由此带来的益处的企业间协议或系列协议、企业合并协议或系列决定、协同行为或系列协同行为，如果上述协议、决定及协同行为不会：

a）给参与企业施加为实现上述目的而不可缺少的限制，

b）不会给参与企业创造排除所涉商品相当部分市场竞争的条件。

第 102 条

单个或数个企业滥用其在相关市场或相关市场内相当部分的市场支配地位行为，对成员国间贸易造成阻碍的，与内部市场不相容且应予以禁止。

下列情形中尤其可能包含滥用市场支配地位的情况：

a）直接或间接强制他人接受不合理的进价或售价或其他不合理的交易条件；

b）以损害消费者利益为代价，限制生产、销售或技术进步；

c）对某些交易对象的就同等服务提出不同的对价条件，使得某些交易对象在竞争中受到歧视；

d）在订立合同时附加交易条件，迫使合同相对方接受额外的、客观上或依商业惯例而言与合同标的物相互独立的服务。

《欧盟理事会关于企业合并控制的第 139 /2004 号条例》（节选）[1]

第二条　合并的评估

1. 对于本条例意义下的合并，应根据本条例宗旨和下列条

---

〔1〕　全文请见 http：//eur - lex. europa. eu/LexUriServ/LexUriServ. do？ uri = OJ：L：2004：024：0001：0022：de：PDF，"EG - Fusionskontrollverordnung"．

款来评估，以确认该合并是否与共同市场相容。

在进行该评估时，委员会应考虑以下因素：

（a）根据一切相关市场结构以及由共同体内外的企业所带来的实际或潜在竞争等因素，来决定维持和促进共同市场有效竞争的需要；

（b）参与合并企业的市场地位及其经济和财务势力，供应商和用户可获得的其他替代性产品，它们进入采购及销售市场的难易程度，任何法律上或事实上的市场准入障碍，有关产品和服务的供需发展趋势，中间商和最终消费者的利益，有利于消费者且不会妨碍竞争的技术发展和经济进步。

2. 一项合并，尤其是由于其未产生或增强企业的支配性地位而未对共同市场或其相当部分地域内有效竞争造成严重损害的，应当宣布为与共同市场相容。

3. 一项合并，尤其是由于其产生或增强企业的支配性地位而严重损害共同市场或其相当部分地域的有效竞争的，应当宣布为与共同市场不相容。

4. 设立构成第3条所规定的合并的合资企业（joint venture），其目的或效果在于协调仍然保持独立地位企业之间的竞争行为，为确认该协同行为是否与共同市场相容，应根据条约第81条第1款和第3款对其进行评估。

5. 在进行上述评估时，委员会尤其应考虑以下因素：

——两家或多家母公司是否仍在合资企业所在的同一市场，或在合资企业所在市场的上下游市场或与之紧密相关的相邻市场上从事重大经营活动，

——设立合资企业的直接目的在于开展协同行为的，该协同行为是否让有关企业可能消除有关产品或服务主要部分的竞争。

第十条　立案调查及做出决定的期限：

1. 在不违反第 6 条第 4 款的前提下，委员会应在 25 个工作日内做出第 6 条第 1 款的决定。该期限应自委员会收到合并申报之日起开始计算，如果申报信息不完整，应当自收到完整信息之日起计算。

如果委员会收到成员国根据第 9 条第 2 款提交的申请书，或者有关企业为使合并与共同市场相容而根据第 6 条第 2 款提交了承诺的，上述期限应当延长至 35 个工作日。

2. 根据第 8 条第 1 款或第 2 款对有关已申报合并做出的决定，应在第 6 条第 1 款第 c 项所规定的严重嫌疑消除后，尤其是由于有关企业做出修改后立即做出，并且最迟在第 3 款所规定的期限内做出。

3. 在不违反第 8 条第 7 款前提下，对有关已申报的合并，应在立案调查之日起的 90 个工作日内根据第 8 条第 1 款至第 3 款做出决定。有关企业为使合并与共同市场相容而根据第 8 条第 2 款第 2 项提交了承诺的，上述期限应延长至 105 个工作日，但有关企业在立案调查后的 55 个工作日内提交承诺的除外。

如果申报当事人在根据第 6 条第 1 款第 c 项进行立案调查后的 15 个工作日内提出延期申请，第 1 项所述期限也应延长。对于该类申请，合并申报当事人只能申请一次。然而，在立案调查后的任何时间，第 1 项所规定的时间可在委员会征得申报当事人同意的前提下被延长。根据本款所进行的期限延长总共不应超过 20 个工作日。

《欧盟理事会第 1/2003 号条例》（节选）[1]

第一条　条约第 101 和 102 条的适用

（1）条约第 81 条第 1 款规定的协议、决定以及协同行为，如果不符合条约第 101 条第 3 款规定的条件，应予以禁止，且事先不需要就其影响做出决定。

（2）条约第 81 条第 1 款规定的协议、决定以及协调行为，如果符合条约第 81 条第 3 款规定的条件，应当不予禁止，且事先不需要就其影响做出决定。

（3）条约第 82 条所指的滥用支配地位行为，应被予以禁止，且事先不需要对其影响做出决定。

第三条　条约第 101 和 102 条与成员国竞争法的关系

（1）成员国竞争主管机关以及法院对条约第 101 条第 1 款意义上且影响成员国间贸易的协议、决定和协同行为适用本国的竞争法时，也应将条约第 101 条适用于这些协议、决定和协同行为。成员国竞争主管机关以及法院将本国竞争法适用于条约第 102 条所禁止的滥用行为时，他们也应对其适用条约第 102 条。

（2）适用成员国的竞争法，不应导致对可能影响成员国贸易但不构成条约第 81 条第 1 款意义上限制竞争的，或符合条约第 81 条第 3 款条件的，或条约第 81 条第 3 款适用条例所包括的协议、企业协会的决定或者协同行为的禁止。本条例不妨碍成员国在本国领土上通过或适用更为严格的本国法，以禁止或制裁企业实施的单边行为。

---

〔1〕　全文请见 http://eur - lex. europa. eu/LexUriServ/LexUriServ. do? uri = OJ: l: 2003: 001: 0001: 0025: de: PDF, "VERORDNUNG（EG）Nr. 1/2003 DES RATES".

第五条　成员国竞争主管机关的权力

成员国竞争主管机关有权在具体案件中适用条约第 101 条和第 102 条。为此目的，当它们根据自己的调查或者他人的指控而采取行动时，有权做出下列决定：

——要求停止违法行为；

——采取临时措施；

——接受承诺；

——征收罚款、强制金（Zwangsgeld）以及本国法规定的其他处罚。

如果其掌握的信息不符合应予以禁止的条件，成员国竞争主管机关可以做出不采取这些措施的决定。

第六条　成员国法院的权力

成员国法院有权适用条约第 101 条和第 102 条。

第十一条　委员会和成员国竞争主管机关的合作

（1）委员会和成员国竞争主管机关应在适用共同体竞争规则方面通力合作。

（2）委员会应向成员国竞争主管机关提交它在适用第 7～10 条和第 29 条第 1 款过程中收集的最重要文件的复印件；应成员国竞争主管机关的请求，委员会应提供为评估案件所必要的现存文件的复印件。

（3）成员国竞争主管机关根据条约第 101 条和第 102 条采取行动时，应在第一次采取正式调查措施之后，不迟延地以书面形式向委员会进行通报。其他的成员国竞争主管机关也应得到该信息。

（4）成员国竞争主管机关在做出要求终止违法行为，或接受承诺，或撤销因集体豁免条例所得利益的决定之前的 30 日内，应向委员会进行通告。它们还应当向委员会提供案情摘要、拟采取的决定以及其他与该决定有关的文件。其他成员国的竞争主管机关也应当了解这个信息。应委员会的要求，打算做出决定的成员国竞争主管机关也应当提交其他为评估案件所必要的文件。其他成员国的竞争主管机关也应当了解这些信息。成员国竞争主管机关之间应交换为评估依据条约第 101 条和第 102条处理的案件所必要的信息。

（5）成员国竞争主管机关可就涉及适用共同体法的案件向委员会进行咨询。

（6）委员会通过第三章所指的决定做出审理案件的动议，将撤销成员国竞争主管机关适用条约第 101 条和第 102 条的权限。如果成员国竞争主管机关已就案件采取了行动，委员会应就该案向成员国竞争主管机关进行咨询后，方可启动程序。

第十五条　与成员国法院的合作

（1）在适用条约第 101 条和第 102 条的审理程序中，成员国法院可要求委员会向其提供所掌握的信息或与适用共同体竞争规则有关的问题的意见。

（2）成员国将向委员会提供所有依据条约第 101 条和第 102条所作的法院书面判决书的影印件。该影印件应在送达当事人后不迟延地送交委员会。

（3）成员国竞争主管机关可根据自己的动议，向其所在国的法院就其适用条约第 101 条和第 102 条的相关问题提交书面评论；在成员国法院同意的情况下，竞争主管机关也可提交口头评论。适应统一适用条约第 101 条和第 102 条的要求，委员会可根据自己的动议，向成员国法院提交其书面评论。在征得相关法院同意的情况下，也可以做出口头评论。

出于起草其评论之目的，成员国竞争主管机关和委员会，可要求相关的成员国法院向其提交或确保向其提交为评估案件所有必要的文件。

（4）本条规定不损害成员国竞争主管机关依据本国法的授权向法院做出其评论的广泛权力。

第十六条 共同体竞争法的统一适用

（1）当成员国法院根据条约第101条和第102条对已由委员会做出决定的协议、决定或者行为作出判决时，其判决不能与委员会所通过的决定相背离。它们也必须避免做出与委员会就其审理中的案件所做决定相冲突的决定。为此，成员国法院可以决定是否有必要继续审理案件。这个责任不损害条约第234条规定的权利和义务。

（2）成员国竞争主管机关根据条约第81条或第82条对委员会已经审理过的协议、决定或行为做出时，决定不得与委员会所通过的决定相背离。

第二十三条 罚款

（一）下列故意或过失的情形下，委员会决定对企业或企业协会处以不超过上一营业年度总销售额1%的罚款：

（a）对依据第17条或第18条第2款所提的请求，提供不正确或误导性的信息；

（b）对依据第17条或第18条第3款所做的决定的请求，提供不正确、不完整或误导性的信息，或没有按照规定的期限提供信息；

（c）在依据第20条进行的检查中，提供不完整的商业账册或记录，或者拒绝服从依据第20（4）条所作决定中的检查令；

（d）回答根据第20条第2款（e）所提出的问题时，他们

——给予不正确或误导性的答复；

——未能在委员会规定的期限内纠正由其成员提供的不正确、不完整或误导性的答复；

——就与依据第 20 条第 4 款所做决定进行的检查的对象和目的相关的事实，未能提供或拒绝提供完整的答复；

（e）委员会授权的官员及其他人员依据第 20 条第 2 款（d）项的规定所作的密封被开启。

（二）委员会可通过决定对存在下列故意或过失的企业或企业协会处以罚款：

（a）违反条约第 101 条或第 102 条；或者

（b）违反根据条例第 8 条所做决定中的临时措施；或者

（c）未能遵守依据条例第 9 条所做决定而产生约束力的承诺。

对参与违法行为的各企业或企业协会，罚款不得超过上一营业年度总销售额的 10%。企业协会的违法行为与其成员的活动相关时，罚款不得超过协会的违法行为而受损市场上活动的各成员企业总销售额的 10%。

瑞士

《关于卡特尔和其他限制竞争行为的联邦法》[1]

第一篇：总则

第一条　立法目的

为了防止卡特尔等限制竞争行为对国民经济和社会利益造成损害，促进竞争，维护自由市场经济秩序，制定本法。

第二条　适用范围

1. 私法及公法上的企业，订立卡特尔及其他形式限制竞争

---

[1] 伍欣译，杨华隆审校。

协议，占有市场支配地位或参与合并的，适用本法。

企业，不论其法律或组织形式，是指在经济运行过程中商品或服务的需求者或供应者，。

2. 卡特尔及其他限制竞争行为，对瑞士境内市场竞争产生排除、限制效果的，即便在境外实施，亦适用本法。

第三条　与其他法律规定的关系

1. 有关允许排除某一特定商品或服务市场竞争的法律规定将保留适用，如：

a. 维系国家统一市场或价格体系的法律规定；

b. 赋予某些履行社会公共职能的企业以特殊权利的法律规定；

2. 依照有关知识产权的法律规定行使知识产权权利而对竞争造成影响的，不适用本法。相反，基于知识产权权利而实施进口限制措施的，应适用本法。

3. 本法评价限制竞争行为的程序优先适用于 1985 年 11 月 20 日颁布的《价格监控法》中规定的程序，除非竞争委员会和价格监察局一致做出相反的规定。

第四条　概念

1. 限制竞争协议，是指处于相同或不同市场层面的企业之间达成的，以限制竞争为目的或产生限制竞争效果的，具有或不具有法律强制力的协议以及协同行为。

2. 具有市场支配地位的企业，是指作为市场内商品或服务的供应方或需求方，有能力在显著的程度上不依赖于其他市场参与者（竞争者、供应方、需求方）而采取独立行动的单个或数个企业。

3. 经营者集中是指以下情形：

a. 两个或数个现实相互独立的企业间相互合并；

b. 一个或数个企业通过购买股份或合同等方式直接或间接的取得对单个或数个现时与其相互独立之企业的全部或部分控制权。

第二篇　实质性法律规定

第一章：非法的限制竞争行为

第五条　非法的限制竞争协议

1. 如果某项协议对某一特定商品或服务市场内的竞争造成严重损害且不存在经济效率上的正当理由，或该协议导致对有效竞争的完全阻却，则该协议是非法的。

2. 限制竞争协议可以基于经济效率上的正当理由而被准许，如果该协议：

a. 对于降低生产或销售成本，提高产品质量或制造工艺，促进科研，传播科学知识、职业技能或节约能源，是必要的；并且

b. 参与企业不可能借此排除有效竞争。

3. 具有实际或潜在竞争关系的企业之间订立的下列协议将被推定为具有阻止有效竞争的效果：

a. 直接或间接固定价格的协议；

b. 限制生产、进货或供应数量的协议；

c. 按地域或业务合作伙伴分割市场的协议。

4. 处于不同市场层面的企业订立的关于最低或固定价格的协议以及关于分割市场的销售协议，如果导致外地销售商无法参与竞争，将被推定为具有排除竞争的效果。

第六条　正当的限制竞争协议类型

1. 限制竞争协议可在满足一定前提条件下以基于经济效率

上之理由而被认定为正当，前述前提条件将通过条例或一般性公告的方式予以发布。为此，以下协议将予以特别考虑：

a. 共同研究和开发的合作协议；

b. 专业化协议及合理化协议，包括与此相关的有关价格计算方法的协议；

c. 就某一商品或服务达成的特许采购或销售协议；

d. 知识产权的独占性授权许可协议；

e. 旨在增强仅具有有限市场影响力之中小企业竞争力的协议。

2. 某些经济分支中的特殊合作形式，如为了合理实施旨在保护金融服务领域内客户或投资者的公法条文而缔结的协议，可以通过条例或一般性公告的方式将其认定为正当的限制竞争协议。

3. 一般性公告由竞争委员会于联邦公报中发布。第 1 和第 2 款中所指条例由联邦委员会颁发。

第七条 具有市场支配地位企业的非法行为

1. 具有市场支配地位的企业滥用其市场支配地位，妨碍其他企业进入或参与竞争，或歧视交易相对方的行为是非法的。

2. 作为此类行为的列举，以下方式将予以特别关注：

a. 拒绝与他人交易（如封锁供货或封锁销售）；

b. 在交易价格等交易条件上对交易相对方实行差别对待；

c. 强迫交易相对方接受不合理的交易价格等不合理的交易条件；

d. 以损害特定竞争对手为目的，低于成本的价格或其他交易条件销售商品；

e. 限制生产、限制销售或限制技术进步；

f. 在订立合同时附加交易条件，迫使合同相对方购买或提供额外的服务。

第八条　基于重大公共利益的例外准许

被主管当局宣告为非法的限制竞争协议及滥用市场支配地位的行为，如在例外情形下对于实现重大社会利益实属必要，则联邦委员会可以依当事企业的请求准许该行为。

第二章　企业合并

第九条　企业合并计划的申报

1. 参与合并的企业如果在实施合并的前一营业年度存在以下情形，应当在实施合并前向竞争委员会申报其合并计划：

a. 参与合并企业的营业额总计不低于 20 亿瑞士法郎，或者在瑞士境内的营业额总计不低于 5 亿瑞士法郎；以及

b. 参与合并企业中至少有两个企业在瑞士境内的营业额分别不低于 1 亿瑞士法郎。

2. 已废除。

3. 当保险公司参与合并时，其年度保费毛收入作为营业额受 1934 年 11 月 8 日颁布的《银行法》帐目公开条款规制的银行及其它金融中介机构的营业额，以其毛利润为准。

4. 如参与合并的企业依本法规定的程序被认定为在瑞士的某一特定市场内具有支配地位，并且该项合并对该特定市场或其它上、下行或平行市场造成妨害，则申报义务始终存在而无须参酌本条 1～3 款的规定。

5. 联邦议会可以颁布如下具有普遍约束力的、无须通过全民公决的决议：

a. 更改本条第一至第三款中规定的临界值，使其与变更的情势相适应。

b. 为某些经济分支中企业合并的申报设定特殊条件。

第十条　合并的评价

1. 如果初步调查（第 32 条第 1 款）显示合并将使企业取得或加强其市场支配地位，则竞争委员会将对该申报的企业合并进行审查。

2. 如审查结果显示，该项合并具有如下情形，竞争委员会可以做出禁止企业合并的决定或者在附加条件和义务的基础上准予合并：

a. 将使企业取得或加强其市场支配地位，并因此排除有效竞争；且

b. 其市场支配地位所造成的损害大于其对另一市场内竞争关系的改善。

3.《银行法》意义上的银行间的合并，若联邦金融市场监管委员会基于保护债权人的理由认为该合并实属必要，可以优先考虑债权人的利益。在这种情形下，金融市场监管委员会将代替竞争委员会作为审查机关，但应邀请竞争委员会发表意见。

4. 评价某项合并对竞争有效性的影响时，竞争委员会应同时将市场发展及合并企业在国际竞争中所处的地位考虑在内。

第十一条　基于重大公共利益的例外准许

按照第十条之规定而被禁止的企业合并，如在例外情形下对于实现重大公共利益实属必要，联邦委员会可以依当事企业的请求准许该合并。

第三篇　民事诉讼程序

第十二条　竞争被妨碍时的请求权

1. 在进入或参与竞争时受到非法限制竞争行为妨碍者，享有如下请求权：

a. 要求消除或停止妨碍；

b. 依据债法要求物质及精神损害赔偿；

c. 依无因管理之规定要求返还非法所得利润。

2. 典型的妨碍竞争行为包括拒绝与交易相对方交易及歧视对待交易相对方。

3. 一项合法的限制竞争行为，超出实施该行为所需的必要限度而给他人造成妨碍的，被妨碍者也具有第1款中的请求权。

第十三条　排除、停止妨碍请求权的实现

为了实现排除、停止妨碍请求权，法院可以依原告的申请判令：

a. 合同整体或部分无效；

b. 妨碍竞争者必须同被妨碍者签订符合一般市场或行业惯例的协议。

第十四条　已废除。

第十五条　限制竞争行为的合法性评价

1. 民事诉讼程序中，对于限制竞争行为之合法性存在疑问的，交由竞争委员会评价。

2. 如有理由认为，一项本身非法的限制竞争行为，其对于实现重大公共利益实属必要，联邦委员会将对该理由是否正当做出决定。

第十六条　已废除。

第十七条　已废除。

第四篇　行政执法程序

第一章　相关主管机关

第十八条　竞争委员会

1. 联邦委员会委任竞争委员会及其主席团成员。

竞争委员会由 11 至 15 名成员构成。成员的大多数必须是独立的专家。

2. 竞争委员会成员必须在利害关系登记处公开其利害关系。

3. 竞争委员会有权作出决定和颁布命令，但法律明确规定相关权限应由其它主管机关行使的除外。竞争委员会有权向政治机关提出建议（第 45 条第 2 款）、发表意见（第 46 条第 2 款）以及出具专家意见（第 47 条第 1 款）。

第十九条　组织结构

1. 竞争委员会独立于行政机关。它有权将自身划分成数个具有独立决定权限的专业分会。它还可以在特殊场合下授权一名主席团成员直接处理紧急事件或次要事件。

2. 竞争委员会在行政上隶属于联邦国民经济部。

第二十条　办事规章

1. 竞争委员会颁布办事规章；办事规章应特别规定组织结构的细节，如主席团、单个办事机构及整个竞争委员会的权限。

2. 办事规章需经联邦委员会批准。

第二十一条　决定

1. 当至少半数成员在场且人数不少于三人时，竞争委员会及其下属部门有权作出决定。

2. 在场成员以简单多数票的方式作出决定；当赞成票与反

对票相同时，由主席一票决定。

第二十二条　委员会成员的回避

1. 竞争委员会的成员，符合 1968 年 11 月 20 日颁布的《行政管理法》第 10 条规定之回避条件的，应当回避。

2. 通常而言，不能仅仅依据竞争委员会成员为某一行业或专业协会的代表而直接认定该成员具有利害关系或构成回避的。

3. 如果对于回避存在争议，竞争委员会或相应的专业分会将在所涉成员缺席的情况下对是否应回避作出决定。

第二十三条　秘书处的职责

1. 秘书处的任务包括为竞争委员会的工作做前期准备、开展调查以及协同一名主席团成员发布必要的程序性命令。秘书处向竞争委员会提出申请并执行其做出的决定。秘书处直接与参与限制竞争行为的企业、第三方及有关机关进行交涉。

2. 秘书处起草意见（第 46 条第 1 款）并向公职人员及企业就本法律的相关问题提供咨询。

第二十四条　秘书处的人员构成

1. 联邦委员会任命秘书处负责人，其余成员由竞争委员会任命。

2. 成员的人事关系遵照联邦人事立法的规定。

第二十五条　职务机密及商业秘密

1. 竞争委员会应保守职务机密。

2. 在职务中获取的信息只能用于按照事况或程序所设定的目的。

3. 竞争委员会可以向价格监察局提供其履行职责所需的信息。

4. 竞争委员会不得在其出版物中泄露商业秘密。

第二章 限制竞争行为的调查

第二十六条 初步调查

1. 秘书处可以依职权，根据当事人的请求或者依第三人的告发实施初步调查。

2. 秘书处可以采取措施以消除或阻止限制竞争行为。

3. 初步审查程序中不得行使阅卷权。

第二十七条 调查的开启

1. 如果有迹象表明存在限制竞争行为，秘书处在取得至少一名主席团成员同意的情况下应开启调查。在竞争委员会或联邦国民经济部要求下，秘书处必须开启调查。

2. 在存在多项调查的情形下，竞争委员会决定哪项调查应优先进行。

第二十八条 公告

1. 调查的开启由秘书处在官方出版物中加以公告。

2. 公告应说明调查的内容及对象。同时，公告还应提示第三人有权在三十内提出参与调查的请求。

3. 调查的开启即便未予公布，亦不影响其实施。

第二十九条 和解建议

1. 如果秘书处认为一项限制竞争行为是非法的，它可以向当事人提出关于以何种方式消除限制竞争效果的和解建议。

2. 和解建议应采用书面形式并需经竞争委员会批准。

第三十条 决定

1. 竞争委员会依秘书处申请决定应采取的措施，或者决定是否批准和解建议 。

2. 对于秘书处的申请，参与调查的各方可以提出书面意见。竞争委员会可以决定召开听证会并要求秘书处进一步采取措施实施调查。

3. 若事实关系或法律关系发生了根本变更，竞争委员会可以依秘书处或有关当事人的申请，撤销或改变已做出的决定。

第三十一条　例外准许

1. 如果一项限制竞争行为被竞争委员会认定为非法，相关当事人可以在 30 天内基于重大公共利益的理由，通过联邦国民经济部向联邦委员会提出准许该限制竞争行为的申请。此项申请一经提出，向联邦最高行政法院申诉的期限从联邦委员会公布决定之日起算。

2. 向联邦委员会申请例外准许的请求也可以在联邦行政法院或联邦法院作出的判决生效后的三十日内提出。

3. 例外准许应是附期限的，也可以是附条件和义务的。

4. 如果继续满足例外准许的条件，联邦委员会可以延长该例外准许的期限。

第三章　企业合并的审查

第三十二条　审查程序的开启

1. 从接到申报之日起一个月内，竞争委员会应作出是否进行审查的决定，并通知参与合并的企业。竞争委员会逾期未做出决定的，企业可以完整地实施其合并计划。

2. 从申报合并计划之日起的一个月内，参与合并的企业不能实施合并，除非竞争委员会依合并企业的申请，因重大事由而准予合并。

第三十三条　审查程序

1. 竞争委员会作出审查决定的，秘书处应公开企业合并申报的核心内容，并告知第三方可以在一定期限内对被申报的企业合并发表意见。

2. 竞争委员会应在审查的开始阶段决定是否例外地暂时准许合并的实施。

3. 只要不存在可归咎于参与合并企业的，对审查进行造成妨碍的情况，竞争委员会应在四个月内完成审查。

第三十四条　法律效力

第三十五条　申报义务的违反

应申报的企业合并行为未经申报就已经实施的，本法第 32 至 38 条规定的程序将立即启动。在此情形下，第 32 条第 1 款中的期限从相关主管机关实际掌握申报的信息之日起算。

第三十六条　例外准许程序

1. 竞争委员会对一项合并行为作出禁止决定的，参与合并的企业可以在 30 天内通过联邦国民经济部向联邦委员会提出例外准许该合并行为的申请。此项申请一经提出，向联邦最高行政法院申诉的期限从联邦委员会公布决定之日起算。

2. 向联邦委员会申请例外准许的请求也可以在联邦行政法院或联邦法院作出的判决生效后的 30 内提出。

3. 联邦委员会应尽量在接到申请之日起四个月内就该例外准许申请做出决定。

第三十七条　有效竞争的重建

1. 实施一项被禁止的合并或者一项合并在实施完毕后被禁止，并且该合并未经例外准许的，参与合并的企业有义务采取必要措施以重建有效竞争。

2. 竞争委员会有权要求参与合并的企业提出以重建有效竞争为目的的具有法律约束力的方案。竞争委员会可以为此设定期限。

3. 提出的方案若被竞争委员会认可，竞争委员会可以决定参与竞争的企业采取措施的方式和期限。

4. 参与集中的企业在竞争委员会的要求下未提出方案或提出的方案未获得认可的，竞争委员会可采取下列措施：

a. 分离合并后的企业或其资产；

b. 消除支配力影响；

c. 其他有利于重建有效竞争的措施。

第三十八条 撤销和改变

1. 存在以下情形时，竞争委员会可以撤销已作出的准许决定；或决定终止当下的合并审查，即便第 32 条第 1 款规定的期限已经届满：

a. 参与合并的企业提交了错误的信息；

b. 准许是通过欺诈的手段获得的；

c. 参与合并的企业严重违反准许所附加的义务。

2. 联邦委员会也可以基于上述理由撤销例外准许。

第四章　程序和法律保护

第三十九条 原则

1968 年 12 月 20 日颁发的《行政程序法》中的条款适用于本法规定的程序，本法另有规定的除外。

第四十条 信息提供义务

限制竞争协议的参与者、具有市场支配地位的企业、参与企业合并的企业及相关第三人有义务向相关主管机关提供其为查明案情所需的所有信息和文件。拒绝提供信息的权利遵照1968 年 12 月 20 日颁布的《行政程序法》第 16 条的规定。

第四十一条 机构协作

联邦和州政府机构有义务协助相关主管机关的调查工作，并提供其所需的文件和材料。

第四十二条 调查措施

1. 竞争委员会可以将第三方作为证人加以询问并要求调查所涉人员承担作证义务。在此意义下，准用 1947 年 11 月 4 日颁发的《联邦民事程序法》第 64 条的规定。

2. 相关主管机关可以命令进行入室搜查并保全证据。对于这一强制措施，准予适用 1974 年 3 月 22 日颁发的《联邦行政处罚法》第 45~50 条的规定。入室搜查和扣押的命令由主席团成员依秘书处的申请下达。

第四十二　a 条 依瑞士—欧洲共同体《空中交通公约》中规定的程序开展的调查

1. 竞争委员会依照瑞士与欧共同体于 1999 年 6 月 21 日签订的《空中交通公约》第 11 条，负责与欧洲共同体一方的有关机构开展合作。

2. 在以公约第 11 条为依据而开展的调查程序中，如企业拒绝复查，则公约第 42 条规定的调查措施可以在欧洲共同体委员会提出请求的情况下实施。第 44 条亦可适用。

第四十三条 第三方参与调查

1. 下列人员可以申请参与对限制竞争行为的调查：

a. 在加入或参与竞争时受到限制竞争行为妨碍者；

b. 以保护其成员经济利益为宗旨的职业或经济协会，但以该协会或该协会分支的成员亦有权参与调查为限。

c. 国际或国内的消费者权益保护组织。

2. 人数多于五人的享有同一利益诉求的团体参与调查，如果会给调查增添不便，秘书处可以要求其推选一名代表。秘书处可将其调查参与权限定于参加听证会。1968 年 12 月 20 日《行政程序法》中的当事人权利予以保留。

3. 第一款及第二款亦适用于非法限制竞争行为联邦委员会例外准许程序（第 8 条）。

4. 在企业合并审查程序中，只有参与合并的企业享有当事人权利。

第四十四条 已废除。

第五章 相关主管机关的其他职责及权限

第四十五条 向相关主管机关提交建议

1. 竞争委员会监控竞争关系的动态。

2. 竞争委员会有权向相关主管机关提交促进有效竞争的建议，特别是在经济法条例的创设及实施方面。

第四十六条 发表意见

1. 可能对竞争格局产生影响的联邦经济立法及其他立法草案，应提交秘书处审查。秘书处将审查该立法是否对竞争造成扭曲或过分限制。

2. 竞争委员会在磋商程序中对可能限制竞争或以其他方式影响竞争的联邦立法草案发表意见。它同样可以对州立法草案发表意见。

第四十七条 专家意见

1. 竞争委员会可以就重大的竞争法问题向其他机关出具专家意见。同时，竞争委员会可以委托秘书处就次要的问题代其出具专家意见。

2. 已废除。

第四十八条 决定和判决的公布

1. 竞争法主管机关可以公布其作出的决定。

2. 法院应主动向秘书处提供依据本法所做判决的完整副本。秘书处收集整理这些判决并定期出版。

第四十九条 信息公开义务

1. 秘书处和竞争委员会应向公众公开其工作内容。
2. 竞争委员会应向联邦委员会作年度工作报告。

第六章　行政处罚

第四十九 a 条 对非法限制竞争行为的处罚

1. 对于实施本法第 5 条第 3、4 款规定的的非法协议的企业以及实施第 7 条规定的各项违法行为的企业，处以其在过去三个营业年度内在瑞士的营业额之和的百分之十以下的罚款。第 9 条第 3 款的规定在此同样适用。罚款数额取决于非法行为的程度及持续时间，同时应适当考虑该企业通过非法行为可能获取的利润情况。

2. 对于协助发现或消除限制竞争行为的企业，可以减轻或免除处罚。

3. 存在下列情形，可以免除处罚：

a. 企业在限制竞争行为产生限制竞争效果之前对该行为进行申报的。然而，企业在申报后的 5 个月内接到通知，获悉本法第 26 至 30 条规定的调查程序已启动却仍坚持实施该限制竞争行为的，处罚不能被免除。

b. 限制竞争行为实施终了至开始调查之日已逾 5 年的。

c. 联邦委员会依照第 8 条准许该限制竞争行为的。

第五十条　对和解建议及行政命令的违反

为谋求自身利益而违反和解建议、由相关主管机关做出的具有法律效力的命令或者上诉机构做出的决定的，处以其在过去三个营业年度内在瑞士的营业额之和的百分之十以下的罚款。第 9 条第 3 款的规定在此同样适用。罚款数额的确定，应适当考虑该企业通过非法行为可能获取的利润情况。

第五十一条　与企业合并相关的违规行为

1. 如企业未经申报即实施一项应申报的企业合并，违反临时性禁止合并命令，违反附加于合并许可的义务，实施一项被禁止的企业合并，或者未采取重建有效竞争措施，则该企业将被处以一百万瑞士法郎以下的罚款。

2. 反复违反合并许可任一项附加义务的，处以其在过去三个营业年度内在瑞士的营业额之和的百分之十以下的罚款。第9条第3款的规定在此同样适用。

第五十二条 其他违规行为

对于未履行或未正确履行信息或证明文件提供义务的企业，处以十万瑞士法郎以下的罚款。

第五十三条 程序

1. 秘书处协同一名主席团成员对违规行为进行调查，由竞争委员会作出评价。

2. 已废除。

第七章 费用

第五十三条

1. 对于下列情况，竞争委员会有权收取费用：

a. 做出依据第26至第31条的规定对竞争限制行为进行调查的命令；

b. 依第32至第38条的规定审查企业合并行为；

c. 出具专家意见及提供其他服务。

2. 收费额根据花费的时间来确定。

3. 联邦委员会确定收费标准并对费用征收实施监管。它可以规定，对于某些特定的程序或服务，比如终止程序时，不得收费。

第五篇　刑事处罚

第五十四条　违反和解建议及违反行政决定

故意违反和解建议，故意违反相关主管机关做出的具有法律上执行效力的命令或故意违反上诉机构作出的判决的，处以十万瑞士法郎以下的罚金。

第五十五条　其他犯罪行为

故意不遵守或不正确遵守相关主管机关做出的关于信息提供义务的决定的，未经申报即实施一项负有申报义务（第四十条）的合并行为的，违反与企业合并有关的命令的，处以两万瑞士法郎以下的罚款。

第五十六条　追诉时效

1. 对违反和解建议和行政命令（第 54 条）行为的刑事追诉期为五年。该追诉时效适用中断的规定，但最长不得超过七年半。

2. 对其他犯罪行为（第 55 条）的刑事追诉期为两年。

第五十七条　程序与法律救济

1. 对构成刑事犯罪的行为提出检控及作出判决，适用 1974 年 3 月 22 日《联邦行政刑法》。

2. 在取得至少一名主席团成员同意的情况下，秘书处作为检控机关提起控诉。竞争委员会是判决机关。

第六篇　国际条约的执行

第五十八条　案情的确定

1. 若国际条约的一方当事人主张限制竞争行为构成对条约的违反，联邦国民经济部可以指令秘书处对相关情况进行初步调查。

2. 联邦国民经济部依秘书处的申请，决定是否进行进一步调查。在进一步调查之前应听取限制竞争行为参与者的答辩。

第五十九条　不一致的消除

1. 若在国际条约的执行过程中确定一项限制竞争行为与条约相违背，联邦国民经济部可以协同外交部向限制竞争行为的参与企业提出一份关于消除不一致的和解建议。

2. 如果未能及时达成和解建议且条约的另一方威胁对瑞士采取保护性措施，联邦国民经济部可以协同联邦外交部做出实施必要措施以消除限制竞争行为的命令。

第六 a 篇　评估

有效性及本法的施行情况。

1. 联邦委员会需在评估完毕后且最迟在本法生效后的五年之内，向联邦议会做汇报并且就本法的进一步施行提出建议。

第七篇　最终条款

第六十条　执行条款

执行条款由联邦委员会颁布。

第六十一条　现行法律的废除

1985 年 11 月 20 日颁布的《卡特尔法》现被废除。

第六十二条　过渡条款

1. 随着本法的生效，卡特尔委员会将暂停正在进行的针对限制竞争协议的各项程序；必要情况下可以在新法施行六个月后恢复这些程序。

2. 竞争委员会最早可以在新法生效六个月后实施关于限制竞争协议的新程序，除潜在的被调查者要求尽早实施调查。初步调查可以在任何时间下展开。

3. 依据 1985 年 12 月 20 日《卡特尔法》做出的具有法律效力的命令及被采纳的建议，仍适用前法。

第六十三条　全民公投及生效

1. 本法的通过以选择性公投的方式决定。

2. 本法的生效日期由联邦委员会确定。

2003 年 6 月 20 日修正案的最终条款

对一项已经存在的限制竞争行为，在本法 49a 款生效后的一年内申报或消除的，可以免除本法 49a 条规定的处罚。

生效日期：

第 18 至 25 条从 1996 年 2 月 1 日起生效。

其余条款从 1996 年 7 月 1 日起生效。

中国

《反垄断法》

第一章　总　　则

第一条　为了预防和制止垄断行为，保护市场公平竞争，提高经济运行效率，维护消费者利益和社会公共利益，促进社会主义市场经济健康发展，制定本法。

第二条　中华人民共和国境内经济活动中的垄断行为，适用本法；中华人民共和国境外的垄断行为，对境内市场竞争产生排除、限制影响的，适用本法。

第三条　本法规定的垄断行为包括：

（一）经营者达成垄断协议；

（二）经营者滥用市场支配地位；

（三）具有或者可能具有排除、限制竞争效果的经营者集中。

第四条　国家制定和实施与社会主义市场经济相适应的竞争规则，完善宏观调控，健全统一、开放、竞争、有序的市场体系。

第五条　经营者可以通过公平竞争、自愿联合，依法实施集中，扩大经营规模，提高市场竞争能力。

第六条　具有市场支配地位的经营者，不得滥用市场支配地位，排除、限制竞争。

第七条　国有经济占控制地位的关系国民经济命脉和国家安全的行业以及依法实行专营专卖的行业，国家对其经营者的合法经营活动予以保护，并对经营者的经营行为及其商品和服务的价格依法实施监管和调控，维护消费者利益，促进技术进步。

前款规定行业的经营者应当依法经营，诚实守信，严格自律，接受社会公众的监督，不得利用其控制地位或者专营专卖地位损害消费者利益。

第八条　行政机关和法律、法规授权的具有管理公共事务职能的组织不得滥用行政权力，排除、限制竞争。

第九条　国务院设立反垄断委员会，负责组织、协调、指导反垄断工作，履行下列职责：

（一）研究拟订有关竞争政策；

（二）组织调查、评估市场总体竞争状况，发布评估报告；

（三）制定、发布反垄断指南；

（四）协调反垄断行政执法工作；

（五）国务院规定的其他职责。

国务院反垄断委员会的组成和工作规则由国务院规定。

第十条　国务院规定的承担反垄断执法职责的机构（以下

统称国务院反垄断执法机构）依照本法规定，负责反垄断执法工作。

国务院反垄断执法机构根据工作需要，可以授权省、自治区、直辖市人民政府相应的机构，依照本法规定负责有关反垄断执法工作。

第十一条 行业协会应当加强行业自律，引导本行业的经营者依法竞争，维护市场竞争秩序。

第十二条 本法所称经营者，是指从事商品生产、经营或者提供服务的自然人、法人和其他组织。

本法所称相关市场，是指经营者在一定时期内就特定商品或者服务（以下统称商品）进行竞争的商品范围和地域范围。

第二章 垄断协议

第十三条 禁止具有竞争关系的经营者达成下列垄断协议：

（一）固定或者变更商品价格；

（二）限制商品的生产数量或者销售数量；

（三）分割销售市场或者原材料采购市场；

（四）限制购买新技术、新设备或者限制开发新技术、新产品；

（五）联合抵制交易；

（六）国务院反垄断执法机构认定的其他垄断协议。

本法所称垄断协议，是指排除、限制竞争的协议、决定或者其他协同行为。

第十四条 禁止经营者与交易相对人达成下列垄断协议：

（一）固定向第三人转售商品的价格；

（二）限定向第三人转售商品的最低价格；

（三）国务院反垄断执法机构认定的其他垄断协议。

第十五条　经营者能够证明所达成的协议属于下列情形之一的，不适用本法第十三条、第十四条的规定：

（一）为改进技术、研究开发新产品的；

（二）为提高产品质量、降低成本、增进效率，统一产品规格、标准或者实行专业化分工的；

（三）为提高中小经营者经营效率，增强中小经营者竞争力的；

（四）为实现节约能源、保护环境、救灾救助等社会公共利益的；

（五）因经济不景气，为缓解销售量严重下降或者生产明显过剩的；

（六）为保障对外贸易和对外经济合作中的正当利益的；

（七）法律和国务院规定的其他情形。

属于前款第一项至第五项情形，不适用本法第十三条、第十四条规定的，经营者还应当证明所达成的协议不会严重限制相关市场的竞争，并且能够使消费者分享由此产生的利益。

第十六条　行业协会不得组织本行业的经营者从事本章禁止的垄断行为。

第三章　滥用市场支配地位

第十七条　禁止具有市场支配地位的经营者从事下列滥用市场支配地位的行为：

（一）以不公平的高价销售商品或者以不公平的低价购买商品；

（二）没有正当理由，以低于成本的价格销售商品；

（三）没有正当理由，拒绝与交易相对人进行交易；

（四）没有正当理由，限定交易相对人只能与其进行交易或者只能与其指定的经营者进行交易；

（五）没有正当理由搭售商品，或者在交易时附加其他不合理的交易条件；

（六）没有正当理由，对条件相同的交易相对人在交易价格等交易条件上实行差别待遇；

（七）国务院反垄断执法机构认定的其他滥用市场支配地位的行为。

本法所称市场支配地位，是指经营者在相关市场内具有能够控制商品价格、数量或者其他交易条件，或者能够阻碍、影响其他经营者进入相关市场能力的市场地位。

第十八条 认定经营者具有市场支配地位，应当依据下列因素：

（一）该经营者在相关市场的市场份额，以及相关市场的竞争状况；

（二）该经营者控制销售市场或者原材料采购市场的能力；

（三）该经营者的财力和技术条件；

（四）其他经营者对该经营者在交易上的依赖程度；

（五）其他经营者进入相关市场的难易程度；

（六）与认定该经营者市场支配地位有关的其他因素。

第十九条 有下列情形之一的，可以推定经营者具有市场支配地位：

（一）一个经营者在相关市场的市场份额达到二分之一的；

（二）两个经营者在相关市场的市场份额合计达到三分之二的；

（三）三个经营者在相关市场的市场份额合计达到四分之三的。

有前款第二项、第三项规定的情形，其中有的经营者市场份额不足十分之一的，不应当推定该经营者具有市场支配地位。

被推定具有市场支配地位的经营者，有证据证明不具有市场支配地位的，不应当认定其具有市场支配地位。

第四章　经营者集中

第二十条　经营者集中是指下列情形：

（一）经营者合并；

（二）经营者通过取得股权或者资产的方式取得对其他经营者的控制权；

（三）经营者通过合同等方式取得对其他经营者的控制权或者能够对其他经营者施加决定性影响。

第二十一条　经营者集中达到国务院规定的申报标准的，经营者应当事先向国务院反垄断执法机构申报，未申报的不得实施集中。

第二十二条　经营者集中有下列情形之一的，可以不向国务院反垄断执法机构申报：

（一）参与集中的一个经营者拥有其他每个经营者百分之五十以上有表决权的股份或者资产的；

（二）参与集中的每个经营者百分之五十以上有表决权的股份或者资产被同一个未参与集中的经营者拥有的。

第二十三条　经营者向国务院反垄断执法机构申报集中，应当提交下列文件、资料：

（一）申报书；

（二）集中对相关市场竞争状况影响的说明；

（三）集中协议；

（四）参与集中的经营者经会计师事务所审计的上一会计年

度财务会计报告；

（五）国务院反垄断执法机构规定的其他文件、资料。

申报书应当载明参与集中的经营者的名称、住所、经营范围、预定实施集中的日期和国务院反垄断执法机构规定的其他事项。

第二十四条　经营者提交的文件、资料不完备的，应当在国务院反垄断执法机构规定的期限内补交文件、资料。经营者逾期未补交文件、资料的，视为未申报。

第二十五条　国务院反垄断执法机构应当自收到经营者提交的符合本法第二十三条规定的文件、资料之日起三十日内，对申报的经营者集中进行初步审查，作出是否实施进一步审查的决定，并书面通知经营者。国务院反垄断执法机构作出决定前，经营者不得实施集中。

国务院反垄断执法机构作出不实施进一步审查的决定或者逾期未作出决定的，经营者可以实施集中。

第二十六条　国务院反垄断执法机构决定实施进一步审查的，应当自决定之日起九十日内审查完毕，作出是否禁止经营者集中的决定，并书面通知经营者。作出禁止经营者集中的决定，应当说明理由。审查期间，经营者不得实施集中。

有下列情形之一的，国务院反垄断执法机构经书面通知经营者，可以延长前款规定的审查期限，但最长不得超过六十日：

（一）经营者同意延长审查期限的；

（二）经营者提交的文件、资料不准确，需要进一步核实的；

（三）经营者申报后有关情况发生重大变化的。

国务院反垄断执法机构逾期未作出决定的，经营者可以实施集中。

第二十七条　审查经营者集中，应当考虑下列因素：

（一）参与集中的经营者在相关市场的市场份额及其对市场的控制力；

（二）相关市场的市场集中度；

（三）经营者集中对市场进入、技术进步的影响；

（四）经营者集中对消费者和其他有关经营者的影响；

（五）经营者集中对国民经济发展的影响；

（六）国务院反垄断执法机构认为应当考虑的影响市场竞争的其他因素。

第二十八条　经营者集中具有或者可能具有排除、限制竞争效果的，国务院反垄断执法机构应当作出禁止经营者集中的决定。但是，经营者能够证明该集中对竞争产生的有利影响明显大于不利影响，或者符合社会公共利益的，国务院反垄断执法机构可以作出对经营者集中不予禁止的决定。

第二十九条　对不予禁止的经营者集中，国务院反垄断执法机构可以决定附加减少集中对竞争产生不利影响的限制性条件。

第三十条　国务院反垄断执法机构应当将禁止经营者集中的决定或者对经营者集中附加限制性条件的决定，及时向社会公布。

第三十一条　对外资并购境内企业或者以其他方式参与经营者集中，涉及国家安全的，除依照本法规定进行经营者集中审查外，还应当按照国家有关规定进行国家安全审查。

第五章　滥用行政权力排除、限制竞争

第三十二条　行政机关和法律、法规授权的具有管理公共事务职能的组织不得滥用行政权力，限定或者变相限定单位或

者个人经营、购买、使用其指定的经营者提供的商品。

第三十三条 行政机关和法律、法规授权的具有管理公共事务职能的组织不得滥用行政权力，实施下列行为，妨碍商品在地区之间的自由流通：

（一）对外地商品设定歧视性收费项目、实行歧视性收费标准，或者规定歧视性价格；

（二）对外地商品规定与本地同类商品不同的技术要求、检验标准，或者对外地商品采取重复检验、重复认证等歧视性技术措施，限制外地商品进入本地市场；

（三）采取专门针对外地商品的行政许可，限制外地商品进入本地市场；

（四）设置关卡或者采取其他手段，阻碍外地商品进入或者本地商品运出；

（五）妨碍商品在地区之间自由流通的其他行为。

第三十四条 行政机关和法律、法规授权的具有管理公共事务职能的组织不得滥用行政权力，以设定歧视性资质要求、评审标准或者不依法发布信息等方式，排斥或者限制外地经营者参加本地的招标投标活动。

第三十五条 行政机关和法律、法规授权的具有管理公共事务职能的组织不得滥用行政权力，采取与本地经营者不平等待遇等方式，排斥或者限制外地经营者在本地投资或者设立分支机构。

第三十六条 行政机关和法律、法规授权的具有管理公共事务职能的组织不得滥用行政权力，强制经营者从事本法规定的垄断行为。

第三十七条 行政机关不得滥用行政权力，制定含有排除、限制竞争内容的规定。

第六章　对涉嫌垄断行为的调查

第三十八条　反垄断执法机构依法对涉嫌垄断行为进行调查。

对涉嫌垄断行为，任何单位和个人有权向反垄断执法机构举报。反垄断执法机构应当为举报人保密。

举报采用书面形式并提供相关事实和证据的，反垄断执法机构应当进行必要的调查。

第三十九条　反垄断执法机构调查涉嫌垄断行为，可以采取下列措施：

（一）进入被调查的经营者的营业场所或者其他有关场所进行检查；

（二）询问被调查的经营者、利害关系人或者其他有关单位或者个人，要求其说明有关情况；

（三）查阅、复制被调查的经营者、利害关系人或者其他有关单位或者个人的有关单证、协议、会计账簿、业务函电、电子数据等文件、资料；

（四）查封、扣押相关证据；

（五）查询经营者的银行账户。

采取前款规定的措施，应当向反垄断执法机构主要负责人书面报告，并经批准。

第四十条　反垄断执法机构调查涉嫌垄断行为，执法人员不得少于二人，并应当出示执法证件。

执法人员进行询问和调查，应当制作笔录，并由被询问人或者被调查人签字。

第四十一条　反垄断执法机构及其工作人员对执法过程中知悉的商业秘密负有保密义务。

第四十二条　被调查的经营者、利害关系人或者其他有关单位或者个人应当配合反垄断执法机构依法履行职责，不得拒绝、阻碍反垄断执法机构的调查。

第四十三条　被调查的经营者、利害关系人有权陈述意见。反垄断执法机构应当对被调查的经营者、利害关系人提出的事实、理由和证据进行核实。

第四十四条　反垄断执法机构对涉嫌垄断行为调查核实后，认为构成垄断行为的，应当依法作出处理决定，并可以向社会公布。

第四十五条　对反垄断执法机构调查的涉嫌垄断行为，被调查的经营者承诺在反垄断执法机构认可的期限内采取具体措施消除该行为后果的，反垄断执法机构可以决定中止调查。中止调查的决定应当载明被调查的经营者承诺的具体内容。

反垄断执法机构决定中止调查的，应当对经营者履行承诺的情况进行监督。经营者履行承诺的，反垄断执法机构可以决定终止调查。

有下列情形之一的，反垄断执法机构应当恢复调查：

（一）经营者未履行承诺的；

（二）作出中止调查决定所依据的事实发生重大变化的；

（三）中止调查的决定是基于经营者提供的不完整或者不真实的信息作出的。

第七章　法律责任

第四十六条　经营者违反本法规定，达成并实施垄断协议的，由反垄断执法机构责令停止违法行为，没收违法所得，并处上一年度销售额百分之一以上百分之十以下的罚款；尚未实施所达成的垄断协议的，可以处五十万元以下的罚款。

经营者主动向反垄断执法机构报告达成垄断协议的有关情

况并提供重要证据的，反垄断执法机构可以酌情减轻或者免除对该经营者的处罚。

行业协会违反本法规定，组织本行业的经营者达成垄断协议的，反垄断执法机构可以处五十万元以下的罚款；情节严重的，社会团体登记管理机关可以依法撤销登记。

第四十七条　经营者违反本法规定，滥用市场支配地位的，由反垄断执法机构责令停止违法行为，没收违法所得，并处上一年度销售额百分之一以上百分之十以下的罚款。

第四十八条　经营者违反本法规定实施集中的，由国务院反垄断执法机构责令停止实施集中、限期处分股份或者资产、限期转让营业以及采取其他必要措施恢复到集中前的状态，可以处五十万元以下的罚款。

第四十九条　对本法第四十六条、第四十七条、第四十八条规定的罚款，反垄断执法机构确定具体罚款数额时，应当考虑违法行为的性质、程度和持续的时间等因素。

第五十条　经营者实施垄断行为，给他人造成损失的，依法承担民事责任。

第五十一条　行政机关和法律、法规授权的具有管理公共事务职能的组织滥用行政权力，实施排除、限制竞争行为的，由上级机关责令改正；对直接负责的主管人员和其他直接责任人员依法给予处分。反垄断执法机构可以向有关上级机关提出依法处理的建议。

法律、行政法规对行政机关和法律、法规授权的具有管理公共事务职能的组织滥用行政权力实施排除、限制竞争行为的处理另有规定的，依照其规定。

第五十二条　对反垄断执法机构依法实施的审查和调查，拒绝提供有关材料、信息，或者提供虚假材料、信息，或者隐匿、销毁、转移证据，或者有其他拒绝、阻碍调查行为的，由反垄断执法机构责令改正，对个人可以处二万元以下的罚款，对单位可以处二十万元以下的罚款；情节严重的，对个人处二万元以上十万元以下的罚款，对单位处二十万元以上一百万元以下的罚款；构成犯罪的，依法追究刑事责任。

第五十三条 对反垄断执法机构依据本法第二十八条、第二十九条作出的决定不服的，可以先依法申请行政复议；对行政复议决定不服的，可以依法提起行政诉讼。

对反垄断执法机构作出的前款规定以外的决定不服的，可以依法申请行政复议或者提起行政诉讼。

第五十四条 反垄断执法机构工作人员滥用职权、玩忽职守、徇私舞弊或者泄露执法过程中知悉的商业秘密，构成犯罪的，依法追究刑事责任；尚不构成犯罪的，依法给予处分。

第八章 附 则

第五十五条 经营者依照有关知识产权的法律、行政法规规定行使知识产权的行为，不适用本法；但是，经营者滥用知识产权，排除、限制竞争的行为，适用本法。

第五十六条 农业生产者及农村经济组织在农产品生产、加工、销售、运输、储存等经营活动中实施的联合或者协同行为，不适用本法。

第五十七条 本法自 2008 年 8 月 1 日起施行。

《最高人民法院关于审理因垄断行为引发的民事纠纷案件应用法律若干问题的规定》

为正确审理因垄断行为引发的民事纠纷案件，制止垄断行为，保护和促进市场公平竞争，维护消费者利益和社会公共利益，根据《中华人民共和国反垄断法》、《中华人民共和国侵权责任法》、《中华人民共和国合同法》和《中华人民共和国民事诉讼法》等法律的相关规定，制定本规定。

第一条　本规定所称因垄断行为引发的民事纠纷案件（以下简称垄断民事纠纷案件），是指因垄断行为受到损失以及因合同内容、行业协会的章程等违反反垄断法而发生争议的自然人、法人或者其他组织，向人民法院提起的民事诉讼案件。

第二条　原告直接向人民法院提起民事诉讼，或者在反垄断执法机构认定构成垄断行为的处理决定发生法律效力后向人民法院提起民事诉讼，并符合法律规定的其他受理条件的，人民法院应当受理。

第三条　第一审垄断民事纠纷案件，由省、自治区、直辖市人民政府所在地的市、计划单列市中级人民法院以及最高人民法院指定的中级人民法院管辖。

经最高人民法院批准，基层人民法院可以管辖第一审垄断民事纠纷案件。

第四条　垄断民事纠纷案件的地域管辖，根据案件具体情况，依照民事诉讼法及相关司法解释有关侵权纠纷、合同纠纷等的管辖规定确定。

第五条　民事纠纷案件立案时的案由并非垄断纠纷，被告以原告实施了垄断行为为由提出抗辩或者反诉且有证据支持，或者案件需要依据反垄断法作出裁判，但受诉人民法院没有垄断民事纠纷案件管辖权的，应当将案件移送有管辖权的人民法院。

第六条　两个或者两个以上原告因同一垄断行为向有管辖权的同一法院分别提起诉讼的，人民法院可以合并审理。

两个或者两个以上原告因同一垄断行为向有管辖权的不同

法院分别提起诉讼的，后立案的法院在得知有关法院先立案的情况后，应当在七日内裁定将案件移送先立案的法院；受移送的法院可以合并审理。被告应当在答辩阶段主动向受诉人民法院提供其因同一行为在其他法院涉诉的相关信息。

第七条　被诉垄断行为属于反垄断法第十三条第一款第（一）项至第（五）项规定的垄断协议的，被告应对该协议不具有排除、限制竞争的效果承担举证责任。

第八条　被诉垄断行为属于反垄断法第十七条第一款规定的滥用市场支配地位的，原告应当对被告在相关市场内具有支配地位和其滥用市场支配地位承担举证责任。

被告以其行为具有正当性为由进行抗辩的，应当承担举证责任。

第九条　被诉垄断行为属于公用企业或者其他依法具有独占地位的经营者滥用市场支配地位的，人民法院可以根据市场结构和竞争状况的具体情况，认定被告在相关市场内具有支配地位，但有相反证据足以推翻的除外。

第十条　原告可以以被告对外发布的信息作为证明其具有市场支配地位的证据。被告对外发布的信息能够证明其在相关市场内具有支配地位的，人民法院可以据此作出认定，但有相反证据足以推翻的除外。

第十一条　证据涉及国家秘密、商业秘密、个人隐私或者其他依法应当保密的内容的，人民法院可以依职权或者当事人的申请采取不公开开庭、限制或者禁止复制、仅对代理律师展示、责令签署保密承诺书等保护措施。

第十二条　当事人可以向人民法院申请一至二名具有相应专门知识的人员出庭，就案件的专门性问题进行说明。

第十三条　当事人可以向人民法院申请委托专业机构或者

专业人员就案件的专门性问题作出市场调查或者经济分析报告。经人民法院同意，双方当事人可以协商确定专业机构或者专业人员；协商不成的，由人民法院指定。

人民法院可以参照民事诉讼法及相关司法解释有关鉴定结论的规定，对前款规定的市场调查或者经济分析报告进行审查判断。

第十四条 被告实施垄断行为，给原告造成损失的，根据原告的诉讼请求和查明的事实，人民法院可以依法判令被告承担停止侵害、赔偿损失等民事责任。

根据原告的请求，人民法院可以将原告因调查、制止垄断行为所支付的合理开支计入损失赔偿范围。

第十五条 被诉合同内容、行业协会的章程等违反反垄断法或者其他法律、行政法规的强制性规定的，人民法院应当依法认定其无效。

第十六条 因垄断行为产生的损害赔偿请求权诉讼时效期间，从原告知道或者应当知道权益受侵害之日起计算。

原告向反垄断执法机构举报被诉垄断行为的，诉讼时效从其举报之日起中断。反垄断执法机构决定不立案、撤销案件或者决定终止调查的，诉讼时效期间从原告知道或者应当知道不立案、撤销案件或者终止调查之日起重新计算。反垄断执法机构调查后认定构成垄断行为的，诉讼时效期间从原告知道或者应当知道反垄断执法机构认定构成垄断行为的处理决定发生法律效力之日起重新计算。

原告起诉时被诉垄断行为已经持续超过二年，被告提出诉讼时效抗辩的，损害赔偿应当自原告向人民法院起诉之日起向前推算二年计算。

参考书目

1. AMSTUTZ MARC, Evolutorisches Wirtschaftsrecht, Baden-Baden 2001 (zit. AMSTUTZ, Wirtschaftsrecht).

2. Asia law, 2004, S. 1 ff. (zit. Asia law).

3. BALDI MARINO, Zur Konzeption des Entwurfs für ein neues Kartellgesetz, in: Zäch Roger/Zweifel Peter (Hrsg.), Grundfragen der schweizerischen Kartellrechtsreform, St. Gallen1995, S. 253 ff. (zit. BALDI, Konzeption).

4. BALDI MARINO/BORER JüRG, Das neue schweizerische Kartellgesetz-Bestimmungen über Wettbewerbsabreden und marktbeherrschende Unternehmen, in: WuW (1998) S. 434 ff. (zit. BALDI/BORER).

5. BALL GORGE W. , The Past Has Another Pattern, New York 1983 (zit. BALL).

6. BARTOSCH ANDREAS, Von der Feststellung zur Legalausnahme: Der Vorschlag der EG – Kommission für eine, neue Verordnung Nr. 17, in: EuZW (2001) S. 101 ff. (zit. BARTOSCH) .

7. BASEDOW JÜRGEN, Weltkartellrecht: Ausgangslage und Ziele, Methoden der Wettbewerbs-theorie für die Wettbewerbspolitik, in: WuW (1993) S. 16 ff. (zit. BASEDOW) .

8. BASEDOW JÜRGEN, Zielkonflikte und Zielhierarchien im Vertrag über die Europäische Gemeinschaft, in: Due Ole/Lutter Marcus/Schwarze Jürgen (Hrsg.), FS für Ulrich Everling, Baden – Baden 1995, S. 49 ff. (zit. BASEDOW, Zielkonflikte).

9. BEHRENS PETER, Die Wirtschaftsverfassung der Europäischen Gemeinschaft, in Brügge- meier Gert (Hrsg.), Verfassungen für ein ziviles Europa, Baden-Baden1994, S. 73ff. (zit. BEHRENS, Wirtschaftsverfassung).

10. BERGHAHN VOLKER, *The Americanisation of West German Industry* 1945 ~ 1973, New York 1986 (zit. BERGHAHN).

11. BIAGGINI GIOVANNI, Schweizerische und europäische Wirtschaftsverfassung im Vergleich, in: ZBl (1996) S. 49 ff. (zit. BIAGGINI).

12. BIRK AXEL, *Das Prinzip des unverfälschten Wettbewerbs und seine Bedeutung im europäischen Gemeinschaftsrecht*, Baden-Baden 1999 (zit. BIRK).

13. BLACKFORD MANSEL G. , *A History of Small Business in America*, New York 1991 (zit. BLACKFORD).

14. BÖCKENFÖRDE ERNST-WOLFGANG, Staat, Nation, Europa, Studien zur Staatslehre, Verfassungstheorie und Rechtsphilosophie, Frankfurt a. M. 1999 (zit. BÖCKENFÖRDE).

15. BÖGE ULF, Die Herausforderungen Einer Internationalen Wettbewerbspolitik in Zeiten Globalisierter Märkte, in WuW (2005) S. 590 ff. (zit. BÖGE).

16. BÖGE ULF, Reform der Europäischen Fusionskontrolle, in: WuW (2004) S. 138 ff. (zit. BÖ – GE, Reform).

17. BORCHARD KLAUS/FIKENTSCHER WOLFGANG, Wett-

bewerb, Wettbewerbsbeschränkungen, Marktbeherrschung, Stuttgart 1957 (zit. BORCHARD/FIKENTSCHER).

18. BORCHARDT KLAUS – DIETER, Die rechtlichen Grundlagen der Europäischen Union, 2. A. , Heidelberg 2002 (zit. BORCHARDT, Grundlagen).

19. BORER JÜRG, Kommentar zum schweizerischen Kartellgesetz, Zürich 1998 (zit. BORER, Kommentar).

20. BORER JÜRG, Schnittstellen der schweizerischen mit der europäischen Rechtsordnung, in: Forstmoser Peter/von der Crone Hans Caspar/Weber Rolf H. /Zobl Dieter (Hrsg.) DerEinfluss des europäischen Rechts auf die Schweiz, Festschrift für Professor Roger Zäch zum 60. Geburtstag, Zürich 1999, S. 217 ff. (zit. BORER, Schnittstellen).

21. BORK ROBERT H. , *The Antitrust Paradox: A Policy at War with Itself*, New York 1978 (zit. BORK).

22. Botschaft zu einem Bundesgesetz über Kartelle und andere Wettbewerbsbeschränkungen vom 23. , November 1994, BBl. 1995, Bd. I, S. 468 ff. (zit. Botschaft 1994).

23. Botschaft über die Änderung des Kartellgesetzes vom 7. 11. 2001, BBl. 2002, Bd. II , S. 2022 ff. (zit. Botschaft 2001).

24. BÜHLMANN HUBERT, Die Tragweite des Kartellartikels der Bundesverfassung im Hinblick auf eine Konzentrationskontrolle, St. Gallen 1979 (zit. BÜHLMANN).

25. Bundesrat, Bericht an die Bundesversammlung über das Volksbegehren gegen den Missbrauch wirtschaftlicher Macht vom 8. Februar 1957 (BBl. 1957 I 347) (zit. Bericht 1957).

26. Bundesrat, Bericht zur Cassis de Dijon Thematik

（www. *seco*. admin. ch） （zit. Bericht）. BUSH NATHAN, Chinese Competition Policy – It Takes More Than a Iaw（www. chinabu*sin*ess-review. com/public/0505/bush. html）（zit. BUSH）.

27. CRANDALL ROBERT, Deregulation：The US Experience, in：ZfGSt 139（1983）S. 419 ff. （zit. CRANDALL）.

28. DEPOORTER BEN/PARISI FRANCESCO, "The Modernization of European Antitrust Enforcement：The Economics of Regulatory Competition", in：George Mason Law Review, Vol. 13, No. 2, 2005, http：//ssrn. com/abstract = 699802 （zit. DEPOORTER/PARISI）.

29. DERINGER ARVED, Stellungnahme zum Weissbuch der Europäischen Kommission über die Modernisierung der Vorschriften zur Anwendung der Art. 85 und 86 EG – Vertrag, in：EuZW （2000）S. 5 ff. （zit. DERINGER）.

30. DE TOQUEVILLE ALEXIS, Democracy in America, Virginia 1835（zit. TOQUEVILLE）. DIEBOLD WILLIAM, The Schuman Plan, a Study on Economic Cooperation, 1950 ~ 1959, New York 1959（zit. DIEBOLD）.

31. DREXL JOSEF/MACKENRODT MARK – OLIVIER, Internationales und ausländisches Kartellrecht, www. filme. mpg. de/bilderBerichteDokumente/dokumentation/jahrbuch/2004/geistiges _ eigentum/forschungsSchwerpunkt/index. html （zit. DREXL/MACKENRODT）.

32. EDWARDS CORWIN, *Control of Cartels and Monopolies：An International Comparison*, New York 1967（zit. EDWARDS）.

33. EHLE DIRK, Vertikale Wettbewerbsbeschränkungen und die rule of reason：Neue Impulse durch State Oil Co. v. Khan, in：DAJV

- NL Zeitschrift der Deutsch – Amerikanischen Juristen – Vereinigung
(1998) S. 48 f. (zit. EHLE).

34. EHLERMANN CLAUS – DIETER, in XXXV. FIW – Symposion
Innsbruck, Konvergenz des Wettbewerbsrechts-Eine Welt, ein Kartell-
recht, 2002, http://www. fiw – online. de/archiv/FIW/veranstaltun-
gen/innsbruck/innsbruck – archiv – tb, S. 8 f. (zit. EHLERMANN).

35. EHLERMANN CLAUS – DIETER/ATANASIU ISABELA,
European Competition Law Annual 2001, Effective Private Enforce-
ment of EC Antitrust Law, Oxford 2003 (zit. EHLERMANN/ATANA-
SIU).

36. Eidgenässisches Volkswirtschaftsdepartement (Hrsg.), Kar-
tell und Wettbewerb in der Schweiz, 31. Veröffentlichung der Preis-
bildungskommission des Eidgenässischen Volkswirtschaftsdeparte-
ments, Bern 1957 (zit. Preisbildungsbericht).

37. ELSING SIEGFRIED H. /VAN ALSTINE MICHAEL P. , US
– amerikanisches Handels – und Wirtschaftsrecht, 2. A. , Heidel-
berg 1999 (zit. ELSING/VAN ALSTINE).

38. EMMERICH VOLKER, Kartellrecht, 9. A. , München 2001
(zit. EMMERICH, Kartellrecht).

39. EUCKEN WALTER, Grundsätze der Wirtschaftspolitik,
Bern/Tübingen 1952 (zit. EUCKEN).

40. Europäische Kommission, 9. Bericht über die Wettbewerb-
spolitik, Brüssel/Luxembourg 1980 (zit. 9. Bericht).

41. Europäische Kommission, 29. Bericht über die Wettbewerb-
spolitik, Brüssel/Luxembourg 2000 (zit. 29. Bericht).

42. FLEISCHER HOLGER, in XXXV. FIW – Symposion Inns-
bruck, Konvergenz des Wettbewerbsrechts – Eine Welt, ein Kartell-

recht，2002，www. fiw － online. de/archiv/FIW/ veranstaltungen/ innsbruck/innsbruck － archiv － tb，S. 7 f. （zit. FLEISCHER）.

43. FLEISCHER HOLGER/KöRBER TORSTEN，Der Einfluss des US － amerikanischen Antitrustrechts auf das europäische Wettbewerbsrecht，WuW （2001） S. 6 ff. （zit. FLEISCHER/KÖRBER）.

44. Foreign Relations of the United States，Diplomatic Papers （FRUS），1949，Bd. Ⅲ，Washington 1974，S. 319 ff. （zit. FRUS）.

45. FRESHFIELDS BURCKHAUS DERINGER，China notes， November/December 2004 （zit. FRESHFIELDS BURCKHAUS DERINGER）.

46. FRIEDMAN LAWRENCE，*History of American Law*，2. A. ， New York 1985 （zit. FRIEDMAN，History）.

47. FRIEDMAN MILTON，The Business Community's Suicidal Impulse，www. cato. org/pubs/policy _ report/v21n2/friedman. html （zit. FRIEDMAN，Business）.

48. GASSE DIRK，Die Bedeutung der Querschnittsklauseln für die Anwendung des Gemeinschaftskartellrechts，Frankfurt a. M. /Berlin/Bern/Bruxelles/New York/Wien 2000 （zit. GASSE）.

49. GERBER JEAN － DANIEL，Herr，gib uns die Kraft für Reformen，aber erst morgen，in：NZZ am Sonntag，30. Januar 2005，www. e － forum. ch/art/pdf/nzz_ onlin_ 30. 1. 05. pdf （zit. GERBER）.

50. GYGI FRITZ/RICHLI PAUL，Wirtschaftsverfassungsrecht， 2. A. ，Bern 1997 （zit. GYGI/RICHLI）.

51. GREENSPAN ALAN，Antitrust，June 12，1998 （www. polyconomics. com/searchbase/06 － 12 －98. html） （zit. GREENSPAN）.

52. HÄDE ULRICH，Art. 4，in：Calliess Christian/Ruffert Matthias （Hrsg. ），Kommentar zu EU Vertrag und EG － Vertrag，2. A. ，

Neuwied/Kriftel 2002 (zit. HÄDE, Art. 4).

53. HATJE ARMIN, Die gemeinschaftsrechtliche Steuerung der Wirtschaftsverwaltung, Baden – Baden 1998 (zit. HATJE).

54. HAUSER HEINZ, Lehren aus dem "Weissbuch", in: NZZ vom 19. /20. 3. 2005, S. 26. HILDEBRAND PHILIPP M. , Zitat aus "Herr, gib uns die Kraft für Reformen", Fokus/Wirtschaftsstandort Schweiz, in: Schweizer Revue Nr. 3 (2005) S. 4 ff. (zit. HILDEBRAND). HOMBURGER ERIC, Recht und Private Wirtschaftsmacht, Zürich 1993 (zit. HOMBURGER).

55. HOMBURGER ERIC, Kommentar zum Schweizerischen Kartellgesetz, Zürich 1990 (zit. HOMBURGER, Kommentar).

56. IMMENGA ULRICH, Marktrecht, in: Hadding Walther (Hrsg.), Festgabe Zivilrechtslehrer 1934/1935, Berlin/New York 1999, S. 223 ff. (zit. IMMENGA, Marktrecht). IMMENGA ULRICH, in: XXXV. FIW – Symposion Innsbruck, Konvergenz des Wettbewerbsrechts – Eine Welt, ein Kartellrecht, 2002, www. fiw – online. de/archiv/FIW/veranstaltungen/innsbruck/innsbruck – archiv – tb, S. 3 (zit. IMMENGA, Konvergenz).

57. JAKOB THINAM, Vorbemerkung zu den Art. 81 ~ 89, in: von der Groeben Hans/Schwarze Jochen (Hrsg.), Kommentar zum Vertrag über die Europäische Union und Vertrag zur Gründung der Europäischen Gemeinschaft, Bd. 2, 6. A. , Baden – Baden 2003, S. 11 ff. (zit. JAKOB).

58. JOERGES CHRISTIAN, Markt ohne Staat? – Die Wirtschaftsverfassung der Gemeinschaft und die regulative Politik, in: Wildenmann Rudolf (Hrsg.), Staatswerdung Europäischen, Baden – Baden 1991, S. 225 ff. (zit. JOERGES).

59. JONES CLIFFORD A. , A New Dawn for Private Competition Law Remedies in Europäischen? Reflections from the US, in: Ehlermann Claus – Dieter/Atanasiu Isabela (Hrsg.), European Competition Law Annual 2001, Effective Private Enforcement of EC Antitrust Law, Oxford 2003, S. 95 ff. (zit. JONES).

60. JUNG CHRISTIAN H. A. , Subsidiarität im Recht der Wettbewerbsbeschränkungen: Die Aktionsmöglichkeiten nationaler Kartellbehörden in der Europäischen Union, Heidelberg 1995 (zit. JUNG).

61. KELLERHALS ANDREAS, Wirtschaftsrecht und europäische Integration, Zur Stellung und Funktion des Wirtschaftsrechts im Rahmen des europäischen Integrationsprozesses unter besonderer Berücksichtigung des wirtschaftsrechtlichen Verhältnismässigkeitsprinzips, Baden – Baden 2006 (zit. KELLERHALS).

62. KERBER WOLFGANG, Zum Problem einer Wettbewerbsordnung für den Systemwettbewerb, JFNPO (1998) S. 199 ff. (zit. KERBER, Wettbewerbsordnung).

63. KLAWITER DONALD C. , in: XXXV. FIW – Symposion Innsbruck, Konvergenz des Wettbewerbsrechts – Eine Welt, ein Kartellrecht, 2002, www. fiw – online. de/archiv/FIW/veranstaltungen/innsbruck/innsbruck – archiv – tb, S. 7 (zit. KLAWITER).

64. KOLASKY WILLIAM J. , North Atlantic Competition Policy: Converging Toward What?, 2002, www. usdoj. gov/atr/public/speeches/11153. htm (zt. KOLASKY).

65. KRüCK HANS/SAUTER HERBERT, H. I. Verwaltungsverfahren in Kartellsachen, in: Dauses Manfred A. (Hrsg.), Handbuch des EU – Wirtschaftsrechts, München (Loseblatt, Stand 2001) (zit. KRüCKÜSAUTER).

66. KüSTERS HANNS J. , Die Gründung der Europäischen Wirtschaftsgemeinschaft, Baden – Baden 1982 (zit. KÜSTERS).

67. LANDE ROBERT H. , Wealth Transfers as the Original and Primary Concern of Antitrust: The Efficiency Interpretation challenged, in: Hastings Law Journal (1982) S. 67 ff. (zit. LANDE).

68. LEMLEY MARK A. /LESLIE CHRISTOPHER, Antitrust, Gilbert Law Summaries, Chicago 2004 (zit. LEMLEY/LESLIE).

69. MARBACH FRITZ, Der " Mögliche Wettbewerb " als schweizerische Lösung des Kartellproblems, SZVwS (1958) S. 133 ff. (zit. MARBACH).

70. MASON DANIEL S. /ATHENA HOU JIANGXIAO, China's Proposed Anti – monopoly Law: The US and European Perspectives, in: Asialaw, November 2004 (zit. MASON/ATHENA).

71. MASON DANIEL S. /ATHENA HOU JIANGXIAO, China's Proposed Anti – monopoly Law: The US and European Perspectives, Aisalaw, November 2004 (zit. MASON/ATHENA).

72. MCCONKEY DAREL, *Out of Your Pocket, The Story of Cartels*, New York 1947 (zit. MCCONKEY).

73. MCDAVID JANET L. , Enhancing Private Enforcement of EC Competition Rules, in: Antitrust Reform in Europe: A Year in Practice, Brussels 2005, www. ibanet. org/images/downloads/ Janet%20MCDAVID%20 – %Presentation. pdf (zit. MCDAVID).

74. V. MEIBOM WOLFGANG, in: XXXV. FIW – Symposion Innsbruck, Konvergenz des Wettbewerbsrechts – Eine Welt, ein Kartellrecht, 2002, www. fiw – online. de/archiv/FIW/veranstaltungen/ innsbruck/innsbruck – archiv – tb, S. 3 f. (zit. MEIBOM).

75. MEIER – SCHATZ CHRISTIAN J. , Das neue schweizerische

Kartellgesetz im Überblick – Erste Erfahrungen, in: Meier – Schatz Christian J. (Hrsg.), Das neue Kartell*g*esetz – Erste Erfahrungen in der Praxis, Bern 1998, S. 9 ff. (zit. MEIER – SCHATZ).

76. MESTMÄCKER ERNST – JOACHIM, Europäisches Wettbewerbsrecht, München 1974 (zit. MESTMÄCKER, Wettbewerbsrecht).

77. MESTMÄCKER ERNST – JOACHIM, Versuch einer kartellpolitischen Wende in der EU, in: EuZW (1999) S. 523 ff. (zit. MESTM? CKER, Versuch).

78. MESTMÄCKER ERNST – JOACHIM/SCHWEITZER HEIKE, Europäisches Wettbewerbsrecht, 2. A. , München 2004 (zit. MESTMÄÄCKER/SCHWEITZER).

79. V. MIERT KAREL, Die Zukunft der europäischen Wettbewerbspolitik, Die EuropäischeKommission, Luxemburg 1998 (zit. MIERT).

80. MILLER JOHN, Federal Trade Commission Activities Related to Consumer Information, Zeitschrift für Verbraucherpolitik 1 (1977), S. 62 ff. (zit. MILLER).

81. Monopolkommission, Kartellpolitische Wende in der Europäischen Union, Sondergutachten 28, Baden – Baden 1999 (zit. Sondergutachten).

82. MONTAG FRANK, in XXXV. FIW – Symposion Innsbruck, Konvergenz des Wettbewerbsrechts – Eine Welt, ein Kartellrecht, 2002, www. fiw – online. de/archiv/FIW/veranstaltungen/innsbruck/ innsbruck – archiv – tb, S. 4 f. (zit. MONTAG).

83. MONTI MARIO, Effective Private Enforcement of EC Antitrust Law, in: Ehlermann Claus – Dieter/Atanasiu Isabela (Hrsg.), European Competition Law Annual 2001, EffectivePrivate Enforce-

ment of EC Antitrust Law, Oxford 2003, S. 3 ff. (zit. MONTI).

84. MÖSCHEL WERNHARD, Der Wettbewerb hat keine Lobby, in: NZZ vom 26. /27. 3. 2005, S. 29 (zit. MÖSCHEL).

85. MÖSCHEL WERNER, Europäische Wettbewerbspolitik auf Abwegen, in: Wirtschaftsdienst (1999) S. 504 ff. (zit. MÖSCHEL, Wettbewerbspolitik).

86. MÖSCHEL WERNHARD, Systemwechsel im Europäischen Wettbewerbsrecht? Zum Weissbuch der EG – Kommission zu den Art. 81 ff. EGV, in: JZ (2000) S. 61 ff. (zit. MÖSCHEL, Sys –temwechsel).

87. MüLLER – ARMACK ALFRED, Auf dem Weg nach Europa, Stuttgart 1971 (zit. MüLLER – ARMACK).

88. MÜLLER – GRAFF PETER – CHRISTIAN, Die wettbewerbsverfasste Marktwirtschaft als gemein – europäisches Verfassungsprinzip, in: EuR (1997) S. 433 ff. (zit. MÜLLER – GRAFF, Ver – fassungsprinzip).

89. MÜLLER – GRAFF PETER – CHRISTIAN, Unternehmensinvestitionen und Investitionssteuerung im Marktrecht, Baden – Baden 1984 (zit. MÜLLER – GRAFF, Unternehmensinvestitionen).

90. MÜLLER – GRAFF PETER – CHRISTIAN, A. I. Verfassungsordnung der EG/EU, in: Dauses Man – fred A. (Hrsg.), Handbuch des EU – Wirtschaftsrechts, München (Loseblatt, Stand 2001) (zit. MÜLLER – GRAFF, Verfassungsordnung).

91. MÜLLER JÖRG PAUL, Demokratische Gerechtigkeit, München 1993 (zit. MüLLER, Gerechtig – keit).

92. MURACH – BRAND LISA, Antitrust auf Deutsch, Der Einfluss der amerikanischen Alliierten auf das GWB nach 1945, Tübingen 2004 (zit. MURACH – BRAND).

93. MUSSLER WERNER, Die Wirtschaftsverfassung der Europäischen Gemeinschaft im Wandel: Von Rom nach Maastricht, Baden – Baden 1998 (zit. MUSSLER).

94. NÄGELI ESTHER, Alternative Investment Forms to Joint Ventures in China, Zürich 2003 (zit. NÄGELI).

95. OECD, Global Forum on Competition, The Objectives of Competition Law and Policy and the Optimal Design of a Competition Agency, China, Paris 2003, CCNM/GF/COMP/WD (2003) 1 (zit. OECD, China).

96. OECD, Background Report on The Role of Competition Policy in Regulatory Reform, Paris 1998, www. oecd. org/dataoecd/3/24/2497266. pdf (zit. OECD, Background). OECD, United States – Report on Competition Law and Institutions (2004), DAF/COMP (2005) 13 (zit. OECD, USA).

97. OPPER SONJA, Wirtschaftsreform und Beschäftigungswandel in der VR China, Baden – Baden 1999 (zit. OPPER).

98. OWEN BRUCE/ZHENG WENTONG, Antitrust in China: The Problem of Incentive Compatibility, Standford 2004, SIEPR Discussion Paper No. 03 – 40, http://siepr. stanford. edu/papers/pdf/03 – 40. html (zit. OWEN/ZHENG).

99. PACHTER MARC, Die amerikanische Identität, http://usa. usembassy. de/etexts/soc/ijse1204dpachter. htm (zit. PACHTER).

100. PATER HEWITT R. , The DOJ International Antitrust Program – Maintaining Momentum, 2003, www. usdoj. gov/atr/public/speeches/200736. htm.

101. PERITZ RUDOLPH J. R. , Competition Policy in America

1888 ~ 1992, History, Rhetoric, Law, New York 1996 (zit. PERITZ).

102. PORTER MICHAEL E. , The Competitive Advantage of Nations, New York 1990 (zit. PORTER).

103. POSNER RICHARD A. , "The Chicago School of Antitrust Analysis", in: *University of Pennsylvania Law Review*, 1979, S. 925 ff. (zit. POSNER).

104. REUTER UTE KARIN, Erfahrungen mit staatlicher Kartellpolitik in Deutschland zwischen 1870 und 1933, St. Gallen 1966 (zit. REUTER).

105. RHINOW RENÉ, Wirtschafts – und Eigentumsverfassung, in: Thürer Daniel/Aubert Jean – François/Müller Jörg Paul (Hrsg.), Verfassungsrecht der Schweiz – Droit constitutionnel suisse, Zürich 2001, S. 565 ff. (zit. RHINOW, Wirtschafts – und Eigentumsverfassung).

106. RHINOW RENÉ, Wirtschafts –, Sozial – und Arbeitsverfassung, in: Zimmerli Ulrich (Hrsg.), Die neue Bundesverfassung – Konsequenzen für Praxis und Wissenschaft, Bern 2000, S. 157 ff. (zit. RHINOW, Wirtschaftsverfassung).

107. ROTH WOLF – HENNING, Der rechtliche Rahmen der Wirtschafts – und Währungsunion, in: EuR (1994), Beiheft 1, S. 45 ff. (zit. ROTH).

108. RUFFNER MARKUS, Neue Wettbewerbstheorie und schweizerisches Kartellrecht, Zürich 1990 (zit. RUFFNER).

109. SCHAUB ALEXANDER/DOHMS RÜDIGER, Das Weissbuch der Europäischen Kommission über die Modernisierung der Vorschriften zur Anwendung der Artikel 81 und 82 EG – Vertrag, in: WuW (1999) S. 1055 ff. (zit. SCHAUB/DOHMS).

110. SCHATZ KLAUS W. , in: XXXV. FIW – Symposion Innsbruck, Konvergenz des Wettbewerbsrechts – Eine Welt, ein Kartellrecht, 2002, http://www. fiw – online. de/archiv/FIW/veranstaltungen/innsbruck/innsbruck – archiv – tb, S. 2 f. (zit. SCHATZ).

111. SCHERER JOSEF, Die Wirtschaftsverfassung der EWG, Baden – Baden 1970 (zit. SCHERER).

112. SCHIFFERES STEVE, Trustbusters: A history lesson, http://news. bbc. co. uk/1/hi/in _ depth/business/2000/microsoft/635257. stm (zit. SCHIFFERES).

113. SCHLUEP WALTER R. , Wirksamer Wettbewerb – Schlüsselbegriff des neuen schweizeri – schen Wettbewerbsrechts, Bern/Stuttgart/Toronto 1987 (zit. SCHLUEP, Wettbewerb).

114. SCHLUEP WALTER R. , Wettbewerbsfreiheit – staatliche Wirtschaftspolitik: Gegensatz oder Ergänzung, in: ZSR (1991) Bd. I S. 51 (zit. SCHLUEP, Wettbewerbsfreiheit).

115. SCHLUEP WALTER R. , Über den Zusammenhang zwischen Demokratie und Marktwirtschaft, in: Weiterentwicklung der Europäischen Gemeinschaften und der Marktwirtschaft, Refe – rate des XXV. FIW – Symposions, Köln/Berlin/Bonn/München 1992, S. 171 ff. (zit. SCHLUEP, Demokratie).

116. SCHLUEP WALTER R. , Über die Eigenarten des schweizerischen Wettbewerbsrechts, in: Wettbewerb im ungeteilten Europa, Deutsch – Oesterreichisch – Schweizerische – Liechtensteinische Anwaltsvereinigung e. V. (Hrsg.), Wien 1994, S. 65 ff. (zit. SCHLUEP, Eigenarten).

117. SCHLUEP WALTER R. , Entwicklungslinien des schweizerischen Kartellrechts, in: AJP (1996) S. 795 ff. (zit. SCHLUEP).

118. SCHMIDHAUSER BRUNO, Kommentar zu Art. 2 – 4 KG, in: Kommentar zum schweizerischen Kartellgesetz vom 6. Oktober 1995 und zu den dazugehörenden Verordnungen, Homburger Eric/ Schmidhauser Bruno/Hoffet Franz/Ducrey Patrik (Hrsg.), Zürich 1997 (zit. SCHMIDHAUSER).

119. SCHMIDT INGO/BINDER STEFFEN, Wettbewerbspolitik im internationalen Vergleich – Die Erfassung wettbewerbsbeschränkender Strategien in Deutschland, England, Frankreich, den USA und der EG, Heidelberg 1996 (zit. SCHMIDT/BINDER).

120. SCHMIDT INGO/RITTALER JAN B. , Die Chicago School of Antitrust Analysis, Baden – Baden 1986 (zit. SCHMIDT/RITTAL-ER).

121. SCHRÖTER HARM G. , Kartelle, www. lexhist. ch/externe/protect/textes/d/D13734. html (zit. SCHRÖTER, Kartelle).

122. SCHRÖTER HELMUTH, Aktuelle Probleme der Anwendung von Artikel 81 EGV, Vortrag im Rahmen des siebenten St. Galler Internationalen Kartellrechtsforums, 27. und 28. April2000, unter http://www. europa. eu. int/comm/competition/speeches/text/sp2000_010_ de. pdf (zit. SCHRÖTER, Probleme).

123. SCHRÖTER HELMUTH, Vorbemerkungen zu den Artikeln 81 bis 89, in: Schröter Helmuth/Jakob Thinam/Mederer Wolfgang (Hrsg.), Kommentar zum Europäischen Wettbewerbsrecht, Baden – Baden 2003, S. 51 ff. (zit. SCHRÖTER, Vorbemerkungen).

124. SCHRÖTER HELMUTH, Art. 81, Einführung, in: Schröter Helmuth/JAKOB Thinam/Mederer Wolfgang (Hrsg.), Kommentar zum Europäischen Wettbewerbsrecht, Baden – Baden 2003, S. 155 ff. (zit. SCHRÖTER, Art. 81).

125. SCHUBERT THURE, Der Gemeinsame Markt als Rechts-begriff – Die allgemeine Wirtschaftsfreiheit des EG – Vertrages, München 1999 (zit. SCHUBERT).

126. SCHÜRMANN LEO/SCHLUEP WALTER R., Kommentar zum Kartellgesetz und zum Preisüberwachungsgesetz, Zürich 1988 (zit. SCHÜRMANN/SCHLUEP).

127. SCHULZE REINER/HOEREN THOMAS, Dokumente zum Europäischen Recht, Bd. 3: Kartellrecht, Berlin 2000 (zit. SCHU-LZE/HOEREN).

128. SULLIVAN THOMAS E. /HOVENKAMP HERBERT, Anti-trust Law, Policy and Prodecure, 3. A., Virginia 1994 (zit. SULL-IVAN/HOVENKAMP).

129. STOCKMANN KURT, in: XXXV. FIW – Symposion Inns-bruck, Konvergenz des Wettbewerbs rechts – Eine Welt, ein Kartell-recht, 2002, www. fiw – online. de/archiv/FIW/ veranstaltungen/inns-bruck/innsbruck – archiv – tb, S. 5 f. (zit. STOCKMANN).

130. STOTZ RÜDIGER, Die EG – Stahlkrise im Lichte der Wirtschaftsverfassung des EGKS – Vertrages, Baden – Baden 1983 (zit. STOTZ).

131. STURM JAN – EGBERT, Kommentar in der Handels – Zei-tung Nr. 26 vom 29. Juni 2005, S. 7. (zit. STURM).

132. THORELLI HANS B., The Federal Antitrust Policy: Origi-nation of an American Tradition, Baltimpore 1955 (zit. THORELLI, Antitrust).

133. VALLENDER KLAUS A., Grundzüge der "neuen" Wirtschafts-verfassung, in: AJP(1999) S. 677 ff.(zit. VALLENDER, Grundzüge).

134. VAN GERVEN WALTER, Substantive Remedies For the

Private Enforcement of EC Antitrus Rules Before National Courts, in: Ehlermann Claus – Dieter/Atanasiu Isabela (Hrsg.), European Competition Law Annual 2001, Effective Private Enforcement of EC Antitrust Law, Oxford 2003, S. 53 ff. (zit. GERVEN).

135. VOGEL STEFAN, Der Staat als Marktteilnehmer, Zürich 2000 (zit. VOGEL).

136. VON DER GROEBEN HANS/SCHWARZE JÜRGEN (Hrsg.), Kommentar zum Vertrag über die Europäische Union und zur Gründung der Europäischen Gemeinschaft, 6. A. , Baden – Baden 2003 (zit. GROEBEN/SCHWARZE).

137. WANG XIAOYE, Recent Development in Chinese Antitrust Law, Speech to ABA on October5, 2004 (www. abanet. org/antitrust/committees/international/international_ word_ docs/speech_ to_ aba_ on_ oct. 5. doc) (zit. WANG).

138. WELLS WYATT, Antitrust and the Formation of the Postwar World, New York 2002 (zit. WELLS).

139. WHINSTON MICHAEL D. , Lectures on Antitrust Economics, Chapter 1: Introduction, The Center for the Study of Industrial Organization at Northwestern University, Working Paper JHJ0039, www. csio. econ. northwestern. edu/Papers/2003/CSIO – kf – 0039. pdf (zit. WHINSTON).

140. ZÄCH ROGER/ZWEIFEL PETER, Grundfragen der schweizerischenKartellrechtsreform, St. Gallen 1995 (zit. ZÄCH/ZWEIFEL).

141. ZÄCH ROGER, Schweizerisches Kartellrecht, 2. A. , Bern 2005 (zit. ZÄCH, Kartellrecht).

142. ZÄCH ROGER, Grundzüge des europäischen Wirtschaftsr-

echts, 2. A. , Zürich 2005（zit. ZÄCH, Grundzüge）.

143. ZÜRCHER BORIS, Stärkung der Individualrechte als Hauptziel, Zur Revision des Binnenmarktgesetzes, in：NZZ vom 22. März 2005, S. 15（zit. ZüRCHER）.

144. Information disclosed by Gao Hucheng, China International Trade Representative and Vice Commerce Minister, at the National Commercial Conference on Anti－monopoly 2012, hold on 12 January in Beijing, at http://english. mofcom. gov. cn/aarticle/newsrelease/significantnews/201201/20120107931142. html.

145. Yong Guo, Angang Hu：The Administrative monopoly in China's economic transition, Volume 37, Issue 2, June 2004, Pages 270, Communist and Post－Communist Studies.

146. 黄勇、邓志松："论规制行政垄断的我国反垄断法特色——兼论行政垄断的政治与经济体制根源"，载《法学杂志》2010 年第 7 期。

147. Changqi Wu, Zhicheng Liu："A TigerWithout Teeth? Regulation of Administrative Monopoly Under China's Anti－Monopoly Law", in Review of *Industrial Organization*, 28 March 2012, p137.

148. 盛杰民："《反垄断法》第七条不是国企实施垄断行为的保护伞"，载 http://www. hongfan. org. cn/file/upload/2012/02/28/1331393187. pdf.

149. Susan Ning, Hazel Yin："China's Anti－Monopoly Law：Retrospect and Prospect on the Fourth Anniversary", http://www. chinalawinsight. com/2012/08/articles/corporate/antitrust－competition/chinas－antimonopoly－law－retrospect－and－prospect－on－the－fourth－anniversary/.

150. 《中华人民共和国商务部公告 ［2009］ 第 22 号（商务

部关于禁止可口可乐公司收购中国汇源公司审查决定的公告)》：载 http://fldj. mofcom. gov. cn/aarticle/ztxx/200903/20090306 108494. html.

151. "Comparative law in China", in *Slaughter and May*, October 2011, P10, http://www. slaughterandmay. com/media/879862/competi-tion – law – in – china. pdf.

152. 宁宣凤、尹冉冉："中国反垄断法实施四周年回顾与展望"，载 http://www. competitionlaw. cn/show. aspx? id = 6453&cid = 5.

153. 最高人民法院新闻发言人孙军工：最高人民法院《关于审理因垄断行为引发的民事纠纷案件应用法律若干问题的规定》的新闻发布稿，载 http://www. dffy. com/fazhixinwen/lifa/201205/28701. html.